西昌学院博士科研启动项目"彝族优秀传统道德文化的铸牢中华民族共同体意识研究（项目编号：YBS202303）"

协同与交互

地方高校课程思政与思政课程共建共享路径研究

刘有为　黄远春　李咸洁　**著**

東華大學出版社

·上海·

图书在版编目（CIP）数据

协同与交互 ： 地方高校课程思政与思政课程共建共

享路径研究 / 刘有为，黄远春，李咸洁著. -- 上海 ：

东华大学出版社，2025. -- ISBN 978-7-5669-2270-0

Ⅰ. G641

中国国家版本馆 CIP 数据核字第 2025B852X7 号

责任编辑：高路路
版式设计：上海程远文化传播有限公司

协同与交互：地方高校课程思政与思政课程共建共享路径研究

XIETONG YU JIAOHU:DIFANG GAOXIAO KECHENG SIZHENG YU SIZHENG KECHENG GONGJIAN GONGXIANG LUJING YANJIU

作　　者：刘有为　黄远春　李咸洁

出　　版：东华大学出版社（上海市延安西路1882号，200051）

本社网址：http://www.dhupress.edu.cn

天猫旗舰店：http://dhdx.tmall.com

营销中心：021-62193056　62373056　62379558

印　　刷：上海盛通时代印刷有限公司

开　　本：889mm×1194mm　1/16

印　　张：10

字　　数：243千字

版　　次：2025年4月第1版

印　　次：2025年4月第1次印刷

书　　号：ISBN　978-7-5669-2270-0

定　　价：68.00元

　　我国党和政府历来重视思想政治教育。习近平总书记在 2016 年全国高校思想政治工作会议的讲话中明确指出，"要用好课堂教学这个主渠道，思想政治理论课要坚持在改进中加强，提升思想政治教育亲和力和针对性，满足学生成长发展需求和期待，其他各门课都要守好一段渠、种好责任田，使各类课程与思想政治理论课同向同行，形成协同效应。"[①] 习近平总书记提出"办好中国特色社会主义大学，要坚持立德树人，把培育和践行社会主义核心价值观融入教书育人全过程"。这是对思想政治教育提出的具体要求。同时，习近平总书记还指出，"思想政治工作从根本上说是做人的工作，必须围绕学生、关照学生、服务学生，不断提高学生思想水平、政治觉悟、道德品质、文化素养，让学生成为德才兼备、全面发展的人才"。[②] 这和习近平总书记在中国共产党第

---

① 习近平. 把思想政治工作贯穿教育教学全过程　开创我国高等教育事业发展新局面 [N]. 人民日报，2016-12-9(1).
② 同上。

二十次全国代表大会上的报告中，提出的"办好人民满意的教育，全面贯彻党的教育方针"之间具有密切联系。党的十九大报告指出，"落实立德树人根本任务，发展素质教育，培养德智体美全面发展的社会主义建设者和接班人。"[①] 在 2018 年全国教育大会的讲话中，习近平总书记强调"要把立德树人融入思想道德教育、文化知识教育、社会实践教育各环节"。[②] 2020 年 5 月，教育部印发的《高等学校课程思政建设指导纲要》明确要求"紧紧抓住教师队伍'主力军'、课程建设'主战场'、课堂教学'主渠道'，让所有高校、所有教师、所有课程都承担好育人责任，守好一段渠、种好责任田，使各类课程与思政课程同向同行，将显性教育和隐性教育相统一，形成协同效应，构建全员全程全方位育人大格局"。

在相当长的时期内，强烈的泛政治化意识和功利主义倾向使得高校德育不可避免地带有浓厚的政治色彩，"在教育要求上以政治教育取代健康人格培养，在教育评价上，以政治立场评价取代道德品质评价。德育目标太高，就容易脱离学生实际，陷入空泛、空谈、空无"。[③] 这种过于重视集体主义忽略个体精神、片面强调理想主义漠视利益价值的德育目标认识倾向，一是导

① 习近平.决胜全面建成小康社会夺取新时代中国特色社会主义伟大胜利——在中国共产党第十九次全国代表大会上的报告 [N].人民日报，2017-10-28(1).
② 习近平.在全国教育大会上的重要讲话 [N].人民日报，2018-9-10(1).
③ 肖祥，黄伟年.道德关怀教育——高校公共理论课德育实践与创新的可行性路径探析 [J].哈尔滨学院学报，2009(1)：118-122.

致德育目标与现实生活不贴近乃至相脱节。在德育实践教学中教育成本的极大浪费和教育效应的边际递减。二是不能适应教育对象的变化和教育环境的变化。大学生理想观念趋于现实化，择业取向偏重个人经济利益；思维方式由求同转向求新求异；思想观念由接受灌输转向独立思考；集体生活由被动追随转向主动参与；审美需求从他择转向自择；独立意识和独立行为不一致；生活条件的优越导致意志力的脆弱，心理发展不成熟。社会环境发生显著变化，市场经济的双重效应，政治生活的日趋透明，民主要求和参与意识的增强，多文化的相互激荡与碰撞，社会道德失范、诚信缺失等对青年学生的成长带来不容忽视的负面影响，而高校德育传统的教育模式仍然强调对学生进行灌输教学，教学方法单一而呆板，缺乏教学活力，无法达到预定的教学效果。该模式混淆了德育过程中师生的地位和关系，无视学生在德育过程中的主体地位，否认学生的主体性，过于重视教师在德育过程中的主导作用，乃至把教师的教育作用神化和固化。柯尔伯格明确指出："灌输既不是一种教授道德的方法，也不是一种道德的教学方法。"[①]灌输德育最大的弊端就是方法简单、生硬，易引起学生的逆反心理从而影响教育效果，导致德育目标与德育效果严重背离。把作为一种修身养性之道的德育工作如果简单理解为一种知识的传授，其下一步的逻辑必然是课堂上教师的讲读成为德育的

---

① POWER C, KOHLBERG L. Using a hidden curriculum for moral education[J]. Education Digest, 1987: 12.

主渠道乃至唯一渠道，德育的实施也主要依靠德育课程的设置，"其结果是我们培养了很多具有马克思主义理论知识而没有共产主义理想、社会主义信仰的人，培养了很多具有渊博的道德知识而无道德修养的人，学生对各种思想政治要求、道德基本规范谙熟于心，但却知其'善小而不为，恶小而为之'，这种把德育理解为道德知识的教育，其效果不甚理想。"[①] 三是高校管理发生变化。比如说《普通高等学校学生管理规定》允许学生结婚，这就对学生管理提出了新的要求，过去"一刀切"的管理方式显然是不适合的；后勤社会化的发展出现了大学生公寓之类的新型管理模式，学生的学习场所和生活场所分散，管理难度加大；自主择业使部分学生重智（技）轻德，在一定程度上，德育管理失去了长期以来树立的权威感；社会环境与高校生活进一步融合，学生在校外的时间增多了，对社会的依赖增大了，自主性、选择性、灵活度更大了，学校德育的可控性明显减弱。这些新的变化对学校的思想政治管理提出了更高的要求。

高校承担着培养中国特色社会主义合格建设者和可靠接班人的重大使命，使命呼唤担当。在高校思想政治教育实践探索中，提升思想政治教育实效性的关键抓手是课堂教学这个育人主渠道。其中，地方高校作为我国高等教育体系的重要组成部分，在促进区域经济社会发展、培养应用型人才等方面发挥着重

① 彭寿清. 高校学生德育存在的问题与对策 [J]. 西南民族大学学报：人文社科版，2004(6)：285-287.

要作用。但在课程思政与思政课程共建共享方面也面临许多难点，如课程思政育人资源不够多元、课程思政建设协同不足、缺乏有效的课程思政建设成效评价体系和激励机制等问题。因此，关于地方高校课程思政与思政课程共建共享路径的探索是在高校思想政治教育理论与实践研究中极具价值的课题。

本书第一章、第二章由李咸洁撰写，第三章到第五章由刘有为撰写，黄远春负责全书统稿。作者在撰写的过程中参考了大量的理论与研究文献，在此向相关专家和学者表示衷心感谢。

最后，限于作者水平有限，本书难免存在疏漏，在此恳请同行专家和读者朋友批评指正！

目录

第一章 "课程思政"与"思政课程"辨析

　　"课程思政"建设是新时代下党和国家对我国高等院校育人工作提出的新要求，促进了高等院校育人工作由专员向全员、由课程育人向全课程育人的转变。因此，深入细致地剖析我国高等院校"课程思政"的基本理论，是深入研究我国高等院校"课程思政"建设的基础。本章主要对我国高等院校"课程思政"的概念、特点、要求及其与"思政课程"的关系进行解读，归纳其特殊性，为后续研究做一个前提性的概要。

一、"课程思政"的概念分析

　　近年来，"课程思政"已成为我国高等院校思想政治工作的新词、热词，并逐渐发展成为我国高等院校教育教学改革新的着力点、增长点。在教育部颁布《高等学校课程思政建设指导纲要》后，全国高等院校加快"课程思政"建设的步伐，不断完善和优化思想政治教育课程体系，实现了中国高等院校思想政治工作在新时代的创新与发展。因此，厘清"课程"与"课程思政"的本义，是深入剖析中国高等院校"课程思政"建设的必要性、理论基础、主要内容、现状、策略及改革趋势的基石。

（一）"课程"

　　《辞源》上写道："试也，计也，程也。凡定有程式而试验稽核之，皆日课。"在我国，"课程"一词滥觞于唐朝，在《五经正义》里，著名经学家孔颖达为《诗经·小雅·巧言》中"奕奕寝庙，君子作之"一句注疏："维护课程，必君子监之，乃依法制。"这是课程一词在我国汉语文献中的最早显露。到了宋朝，朱熹在《朱子全书·论学》中多次提到"课程"二字，如"宽着期限，紧着课程""小立课程，大作功夫"等。这里所提及的"课程"主要指功课及其进程，与我们现在常用的"课程"意思较为接近。在西方，"课程"一词源于拉丁文"currere"，作动词，具有"奔走、跑步"之意；作名词，意为"跑步的道路，奔走的过程或进程"，引申意为"一段教育进程"。1859 年，英国哲学家、教育家斯宾塞发表了一篇名为《什么知识最有价值》的文章，文章中最早提出"课程"一词，英文为"curriculum"，含义为"教学内容的系统组织"。从中世纪开始，"curriculum"一词一直活跃于学校时间表上，主要指学校时间表上科目内容的安排。在这一词源的基础上，西方国家对"课程"最常见的定义是"course of study（学习的进程）"，简称"学程"。

目前，不同学科领域从不同维度对"课程"一词进行了多种定义。在经济学领域，人们将"课程"与税联系在一起。比如在《中国经济史词典》中，"课程"一方面被理解为元朝若干工商税的总称，包括岁课、盐课、茶课、商税以及和买等；另一方面被理解为清代农村市集中的若干杂税。

据史料记载，《元史·世祖纪》有"尚书省臣言：诸路课程，岁银五万锭，恐疲民力，请减十分之一"；《清律·户律·课程》注："课者，税物之钱。程者，谓物有贵贱，课有多寡，如地利之有程限也。"《中国古代法学词典》将"课程"界定为征税的限度与标准。在军事领域，"课程"特指国家或军队规定的教学计划、教学大纲和教科书的总称。从教育学的视角来看，《简明教育词典》对"课程"进行了广义和狭义的区分。广义的课程指所有教学科目的总和，狭义的课程仅指一门教学学科。我国高等院校"课程思政"建设要求除思政课程之外，其他各类课程亦要发挥育人功能，将立德树人贯穿教育教学全过程中，涉及的学科领域比较广，因此，本书所使用的"课程"是广义上的"课程"，也就是说，将"课程"界定为出于实现一定人才培养目标的目的而明确的教学科目的总和。

综上所述，本书所理解的课程是一种教学活动，并且这种教学活动需要教师教与学生学达到一种和谐共生的状态才能实现最优化。具体来讲，课程不仅要体现"由教育目标规定的教学科目及其内容"[1]，还需要彰显教师在这一教学进程中的目的性和计划性，以及学生在不同学习阶段的学习要求，如"知识、能力、品德、价值观"等[2]。由此可见，课程的内涵是十分丰富的，课程不是对大学生进行学科专业知识和技能的单向度灌输，而是将价值观引导寓于其中，实现价值观与学科专业知识、技能的双向度传授。因此，

---

[1] 邱伟光.论课程思政的内在规定与实施重点[J].思想理论教育,2018(8)：62-65.
[2] 同上。

教师要充分挖掘课堂知识内在蕴含的思想政治教育元素，不仅要授业、解惑，更要传道，以高尚的人格感染学生，在教会学生知识、提升学生本领的同时，引导学生知晓做人做事的道理，这才是课程的真谛。

（二）“课程思政”

中国高等院校“课程思政”改革顺应了新时代高校思想政治教育的新诉求。马克思主义认为，“人们的意识，随着人们的生活条件、人们的社会关系、人们的社会存在的改变而改变。”[①]

因此，我国高等院校“课程思政”建设的普遍开展有其自身的必然性，是对以往学科德育、课程德育实践的继承和发展，是新时代下课程改革的最新成果。从字面上来看，“课程思政”，包括“课程”和“思政”两个部分，但是，我们决不能将“课程思政”单纯地理解为“课程”和“思政”的叠加。从学科归属来看，课程属于教育学的研究范围，是教学论中的重要概念，“课程思政”则属于思想政治教育学的研究范围。因此，欲全面、系统、科学地厘清“课程思政”的含义，则必须要将“课程思政”放在教育学和思想政治教育学的学科体系中来理解，进行整合研究。要从思想政治教育维度研究怎样为学生的自由全面发展打下科学的思想基础；要从教学论的视角研究如何运用教育学原理开展育人工作。同时，还要积极借鉴诸如哲学、心理学、社会学、管理学等相关学科的育人工作成果，扩充“课程思政”的学理基础。其实，“课程思政”并不是一个新生事物，是育人实践中一种客观存在的事实。作为育人的方式之一，它一直存在于育人过程之中，在教育境界上追求“潜移默化”“润物无声”的教育无痕，只是人们往往忽略了其存在的特殊性。“纵观古今中外各阶级的思想政治教育，从实践方式讲不外乎两种情况，一种是旗帜鲜明的直接教化，采用正面、直接的施教方式；一种是虚以逶迤的间接教化，把教化渗透到丰富多彩的社会生活之中。”[②]

本书所研究的“课程思政”属于第二种情况，也就是说，在中国高等院校课程建设中，即隐性课程——在知识传授中内含价值引领，以知识传授与价值引领同步驱动的方式，达到价值观引导与专业教育步调一致，真正实现高等院校的其他各门各类课程都发挥育人功能。纵观国内专家、学者对中国高等院校“课程思政”含义的解读，笔者比较赞同中国人民大学刘建军教授的观点，即“在广义的课程思政中，又有思想政治课程的思政和其他课程的思政之分。”[③]

---

① 马克思恩格斯选集 (第一卷)[M]. 北京：人民出版社 ,2012:419-420.

② 白显良 . 隐性思想政治教育基本理论研究 [M]. 北京：人民教育出版社 ,2013:34.

③ 刘建军 . 课程思政：内涵、特点与路径 [J]. 教育研究 ,2020(9)：28-33.

本书所述的"课程思政"重点指其他各类课程发挥育人功能，因此，中国高等院校"课程思政"就是以马克思主义基本立场、观点及方法为基石，以课程为载体，以其他各门各类学科所蕴含的思想政治教育元素为融入点，以课程育人为主要形式，潜移默化地将价值观引导寓于知识传授与能力培养之中，旨在实现立德树人根本任务的教育理念。

我国高等院校"课程思政"的提出和发展经历了一定的过程。在 20 世纪 80 年代末，中共中央意识到"把思想政治教育与业务教学工作结合起来"是改进高等教育思想政治工作的措施之一。[①]1995 年，"旨在全面贯彻党的教育方针，全面提高教育质量，加强和改进高等学校德育工作，建立全方位德育格局，形成全员德育意识，增强德育总体效果，提高德育水平，建立和完善有中国特色的社会主义高等学校教育体系"[②] 的《中国普通高等学校德育大纲》提出："要发挥各科教学中的德育功能，结合学校相关内容和各个环节，有机地对学生实施德育。"[③]

2004 年 8 月 26 日，中共中央印发的《关于进一步加强和改进大学生思想政治教育的意见》中强调：高等学校各门课程都具有育人功能，所有教师都负有育人职责。"要深入发掘各类课程的思想政治教育资源，在传授专业知识过程中加强思想政治教育，使学生在学习科学文化知识过程中，自觉加强思想道德修养，提高政治觉悟。"[④]

自 2004 年以来，在未成年人思想道德建设和大学生思想政治工作领域，党中央先后出台了一系列文件，上海市抓住机会，以此为契机开启了学校德育课程改革的探索之路。在 2014 年，上海市委、市政府率先提出了"课程思政"的理念。此后，出于达到开发专业课程中的思想政治教育元素的目的，上海市挑选出一部分学校进行试点试验，推出了"大国方略"等一批"中国系列"课程。上海市逐渐意识到，高等院校思想政治教育工作不能就"思政课"谈"思政课"建设，应从原有的模式中脱离出来，需以马克思主义意识形态为制高点，从"育人"的本质要求出发，将高等院校思想政治教育工作贯穿在教育教学全过程中，牢牢把握住课程改革的中心环节，充分利用课堂教学在育人过程中的主渠道作用，将立德树人积极贯彻落实到课堂教学之中，充分挖掘各门、各类课程的思想政治教育资源，使所有课程均充分发挥思想政治教育功能，所有教师都担起立德树人的责任。此后，《关于进一步加强和改进新形势下高校宣传思想工作的意见》和 2016 年《关于加强和改进新形势下高校思想政治工作的意见》都进行了与之相似的论述，主张充分

---

① 中共中央文献研究室 . 十二大以来重要文献选编（下）[M]. 北京：人民出版社 ,1988:1415.
② 黄蓉生 . 大学生思想政治教育若干论题研究 [M]. 北京：人民出版社 ,2016:675.
③ 沈壮海 . 思想政治教育的文化视野 [M]. 北京：人民出版社 ,2005:276.
④ 中共中央文献研究室 . 十六大以来重要文献选编（中）[M]. 北京：中央文献出版社 ,2006:182.

挖掘和利用各个学科蕴含的思想政治教育资源进行合力育人。2016 年,上海市形成的"以思政课为核心、综合素养课为支撑、专业课为辐射"三位一体的先期探索经验被吸纳进中央 31 号文件中。同年 12 月,习近平总书记在全国高校思想政治教育工作会议明确指出:"各门课都要守好一段渠、种好责任田,使各类课程与思想政治理论课同向同行,形成协同效应。"①

2017 年,中共中央、国务院印发的《关于加强和改进新形势下高校思想政治工作的意见》(以下简称《意见》)再次强调了"课程思政"的重要性。该《意见》明确指出:"坚持全员全过程全方位育人。把思想价值引领贯穿教育教学全过程和各环节,形成教书育人、科研育人、实践育人、管理育人、服务育人、文化育人、组织育人长效机制。""要充分发掘和运用各学科蕴含的思想政治教育资源,健全高校课堂教学管理办法。"②此后,《关于深化教育体制机制改革的意见》强调:"健全全员育人、全过程育人、全方位育人的体制机制,充分发掘各门课程中的德育内涵,加强德育课程、思政课程。"③并且将"课程思政"由地方实践探索提升为国家战略部署的高度。同年 12 月,中共教育部党组印发的《高校思想政治工作质量提升工程实施纲要》对"课程、科研、实践、文化、网络、心理、管理、服务、资助、组织等'十大育人'体系的实施内容、载体、路径和方法"进行了详细规划,将课程育人列为"十大育人"之首,正式使用了"课程思政"这一概念,并进一步提出:"深入推动习近平新时代中国特色社会主义思想进教材、进课堂、进头脑,大力推动以'课程思政'为目标的课堂教学改革,优化课程设置,修订专业教材,完善教学设计,加强教学管理,梳理各门课程所蕴含的思想政治教育元素和所承载的思想政治教育功能,融入课堂教学各环节,实现思想政治教育与知识体系教育的有机统一。培育选树一批'学科育人示范课程',建立一批'课程思政研究中心'。"④

进入 2018 年,教育部出台了《关于加强新时代高校"形势与政策"课建设的若干意见》,"形势与政策"教育类的选修课要发挥"课程思政"作用。9 月 10 日,习近平总书记在全国教育大会上主张:"要把立德树人融入思想道德教育、文化知识教育、社会实践教

① 习近平.把思想政治工作贯穿教育教学全过程 开创我国高等事业教育发展新局面 [N].人民日报,2016-12-9.
② 中共中央国务院.关于加强和改进新形势下高校思想政治工作的意见 [EB/OL]. 2017-2-28. http://www.cssn.cn/zx/201702/t20170227_3432295_2.shtml.
③ 中办国办.关于深化教育体制机制改革的意见 [EB/OL].2017-9-25. https://m.huanqiu.com/article/9CaKrnK5kNL.
④ 教育部.高校思想政治工作质量提升工程实施纲要 [EB/OL].2017-12-7. http://www.moe.gov.cn/jyb_xwfb/xw_fbh/moe_2069/xwfbh_2017n/xwfb_20171206/mtbd/201712/t20171207_320825.html.

育各环节。"① 此时，全国各高校正在大刀阔斧地进行"课程思政"建设，从而实现思想政治教育与专业知识教育的有机结合。2019 年 2 月，中共中央、国务院印发《中国教育现代化 2035》，提出"八大理念"和"十大战略任务"。在"八大理念"中强调德育为先，在"十大战略任务"中首要任务为学习习近平新时代中国特色社会主义思想，重申了高校思想政治教育以及"课程思政"改革的重要性。在 2019 年 3 月 18 日，在学校思想政治理论课教师座谈会上，习近平总书记旗帜鲜明地指出："要加大对学生认知规律和接受特点的研究，要坚持灌输性和启发性相统一，要坚持显性教育和隐性教育相统一，挖掘其他课程和教学方式中蕴含的思想政治教育资源，实现全员全程全方位育人。"②

2020 年 5 月，教育部印发的《高等学校课程思政建设指导纲要》表明"课程思政"开始"由理念走向实践，从雏形走向体系，从试点走向全面。"③

二、"课程思政"的特点

"特点"通常用来形容人或事物所具有的独特的地方。"课程思政"作为一种教育理念，本书认为，隐蔽性、依附性、浸润性是中国高等院校"课程思政"的特点。

（一）隐蔽性

"课程思政"作为我国高等院校实现立德树人根本任务的新理念，并不是直接公开地对新时代大学生进行施教，而是采取隐蔽的方式将政治引导、思想引领、道德熏陶、心理健康教育及劳动教育等方面的内容渗透到教育教学活动中，传授给大学生，影响大学生，"寓教于无声无息之中。"④

"课程思政"所强调的是将价值观引导隐蔽在教育教学活动中，在教育教学活动开展的过程中不构成形式上、"感觉上"的价值观引导，而是构成事实上的价值观引导，即隐去的是价值观引导的"形"，让价值观引导在施教过程中不被大学生所直接感受到。因此，"课程思政"是"隐形"之教，它所追求的价值观引导是隐蔽而不是黏附于教育教学活动中，具有隐蔽性。

---

① 习近平. 坚持中国特色社会主义教育发展道路 培养德智体美劳全面发展的社会主义建设者和接班人 [N]. 人民日报,2018-9-11.

② 习近平. 用新时代中国特色社会主义思想铸魂育人 贯彻党的教育方针落实立德树人根本任务 [N]. 人民日报,2019-3-19.

③ 姜淑华, 马超. 新时代课程思政建设的焦点目标、难点问题及着力方向 [J]. 新疆师范大学学报（哲学社会科学版）,2021(5)：96-104.

④ 白显良. 隐性思想政治教育基本理论研究 [M]. 北京：人民出版社,2013:43.

　　"课程思政"的隐蔽性主要表现在两个方面。一方面，施教过程的隐蔽性。专业课教师进行"课程思政"建设，是将政治引导、思想引领、道德熏陶、心理健康教育、劳动教育等方面的内容渗透于专业知识之中，使大学生在学习专业知识的过程中接受价值观教育。专业课教师所开展的"课程思政"施教过程也是其所"隐""寓"其中的价值观引导过程，大学生所直接关注的是专业知识的学习活动，而没有直接体验到价值观引导活动，甚至没有感觉到价值观引导的存在，因此，其施教过程是隐蔽的。比如，医学类的教师如果要在一堂急救的课堂教学中对大学生进行价值观引导，往往是通过急救对挽救生命的重大意义来向大学生传递医务工作者们敬畏生命、救死扶伤、舍己救人的精神，虽然专业课教师具有明确的价值观引导动机，但没有表露出来，因此，这种施教过程与思想政治理论课程具有明确的施教动机和过程不同。在思想政治理论课程中，思想政治理论课教师对大学生开展的施教活动是以思想政治教育本身的内容为基点展开的，而医学课堂中的价值观教育活动是隐蔽在医学教学中的。值得注意的是，这种隐蔽性必然要求专业课教师并不是将价值观引导标签式地贴到专业知识中，而是要实现价值观引导与专业知识教育的合二为一，达到价值观教育与专业知识教育形式与内容上一体化。"那种将思想政治教育的目的、意图、内容等简单地负载于"专业知识中，①不在深层次的融合上下功夫，并不是真正意义上的"课程思政"。另一方面，受教结果的隐蔽性。"苏霍姆林斯基曾经讲：孩子们愈少感到落在他们身上的教育设想，任何一种教育现象的教育效果就愈大，一旦他明白了你专门找他谈话是为了教育他——他的心灵，形象地说，便会扣上所有的纽扣，整个封闭起来。"②

　　"课程思政"改革要求专业课教师将思想政治教育元素熔铸在专业课程的专业知识中，对大学生而言，在整个施教过程中，他们的整个思想是向专业课教师的施教开放的，不存在主观的"封闭"和"逆反"倾向，其教育效果是突出的。但是，由于专业课教师进行价值观引导的施教过程也是专业知识的传授过程，大学生关注的焦点在专业知识上，而不是其背后蕴含的思想政治教育资源。因此，价值观教育的效果会被专业知识的传授暂时遮蔽，一般不会即时即刻地显露出来。从这一意义上来看，"课程思政"有异于思想政治理论课程，教育效果具有延迟性。总而言之，我国高等院校专业课教师对大学生进行价值观引导的方式是隐蔽的，因此，我国高等院校"课程思政"具有隐蔽性。

---

① 　白显良. 隐性思想政治教育基本理论研究 [M]. 北京：人民出版社 ,2013:44.
② 　同上。

（二）依附性

我国高等院校专业课教师是不能孤立地对新时代大学生进行价值观引导的，而是要依附一定的载体，通过这个载体将专业知识蕴含的思想政治教育元素不知不觉地融进新时代大学生的心灵，并对其产生影响和发挥作用。这一载体就是专业课程，因此，依附性是我国高等院校"课程思政"的特点之一。专业课教师只有全面、正确地把握依附性这一特点，才能增强新时代大学生价值观教育的实效性，提升价值观教育的渗透力、感召力、说服力和吸引力。因此，专业课教师需对自身所授的课程进行精心设计，精心组织教育教学活动，使新时代大学生"身体力行，积极参与，从中陶冶情操、树立信念、培养意志。"[①]

我国高等院校"课程思政"之所以具有依附性，是因为：其一，"课程思政"建设要求专业课教师依附一定的课程向新时代大学生传递专业知识蕴含的思想政治教育元素，而这种课程能够为专业课教师所掌控；其二，专业课程是将专业课教师与新时代大学生联系起来的形式和手段，双方需依附于这种形式和手段发生双向互动。"课程思政"的本质在于育人，围绕这一本质，专业课程教学致力于实现知识传授与价值引领的同频共振，使新时代大学生在学习专业知识的同时，受到价值观的熏陶，进而成为合格的社会主义建设者和接班人。由此可见，专业课程承载了丰富的思想政治教育资源。以课堂教学为主要表现形式的专业课程也能为经过专门培养的高等院校专业课教师所掌握和运用。新时代下，专业课教师是对大学生进行价值观教育的新力量，大学生价值观教育的客体是大学生。在我国高等院校"课程思政"建设的过程中，专业课教师与大学生之间正是依附专业课程教学这种有效形式发生着多维互动，"产生着积极的教育效果"，[②]以达到大学生价值观教育的目的。总而言之，专业课教师需依附专业课程来对大学生进行价值观引导，因此，我国高等院校"课程思政"具有依附性。

（三）浸润性

"课程思政"具有浸润性。所谓浸润性，是指每个专业、各类学科以及课程积极挖掘其潜在的思想政治教育资源，并通过课堂教学展现出来，将这种思想政治教育元素浸润到课堂教学的全过程中，实质上是一种隐性思想政治教育方法，是与理论灌输法的一个显著区别。首先，这种浸润性表现为形式上的"寓他性"。思想政治理论课与其他课

---

① 吴海文. 无意识教育与高校思想政治教育创新 [J]. 社会科学家,2010(12)：119-121.
② 刘力,闵杰. 高校思想政治教育载体研究 [M]. 沈阳：辽宁大学出版社,2008:56.

程的一个显著不同就是自身的特殊性质,就是要将思想政治理论传授给受教育者,显而易见,是一种显性思想政治教育。但是,"课程思政"则不同,它是要求专业课教师在讲授相关学科知识理论时渗透价值观引导,换句话说,将价值观引导寓于每个专业、各类学科以及课程之中是显在的,但其本身的存在方式是内隐的,是一种隐性思想政治教育,但是二者的存在是同一的。也就是说,在"课程思政"的实践存在中,"课程思政"表现的外在形式是单一的,但其内在的目的、意图以及内容是多维的。值得注意的是,"课程思政"不是静态的,而是动态的。其次,这种浸润性重点强调的是内容上的融合性。"课程思政"是在不破坏原有的思想政治理论课的前提下,专业课教师积极开发各自所属专业、学科以及所在课程中的思想政治教育元素,将价值观引导体现在课堂教学的全过程以及各个环节之中,突出的是融合中的浸润。把握这种浸润性,要注意把握浸润之魂。本书所述的浸润是将价值观引导潜移默化到每个专业、各类学科以及课程的每一个环节之中,而不是整个儿地将价值观教育置放在每个专业、各类学科以及课程的某个环节。这一点体现的是浸润的精髓与灵魂,也就是说,开展"课程思政"建设,关键是要具有隐性育人的意识,要在课堂教学中植入隐性教育之魂,实现价值观引导与其他课程的融合,从而达到思想政治教育与其他课程形式与内容的一体化。那种将思想政治教育的任务、目的以及内容等简单地负载于每个专业、各类学科以及其他课程之中,而不在深层次的价值观教育融合上下功夫,并不构成真正意义上的"课程思政",因为"课程思政"的浸润性不是在每个专业、各类学科以及所有课程的教学中附着一个"看不见、摸不着"的魂灵,也不是简简单单地对每个专业、各类学科以及其他课程提出价值观引导要求或者在其基础上进行思想政治教育价值赋值。从某种意义上讲,思想政治教育是"灵魂","课程思政"是"肉身","灵魂"与"肉身"在隐性思想政治教育中是高度合一的。

浸润性对于中国高等院校"课程思政"建设的顺利进行具有十分重要的意义。首先,坚持浸润性有利于打通"思政课程"和"课程思政"的协同育人链接。一般来说,思想政治教育主要包括显性思想政治教育和隐性思想政治教育两种形式。在我国高等院校,"思政课程"是显性思想政治教育的方式之一,而"课程思政"实质上是一种隐性思想政治教育方式,从"思政课程"到"课程思政",教育形式由直接教导到潜移默化,有利于丰富和完善思想政治教育方式,打通"思政课程"和"课程思政"的协同育人链接,形成"思政课程"与"课程思政"协同的局面,从而保障"课程思政"建设的顺利进行。其次,坚持浸润性有利于凸显主体性与主导性相结合的教育理念。中国高等院校"课程思政"建设是在充分尊重新时代大学生自主性的基础上,从他们的实际需求出发来设计教育教学内容,但是有一点是不容忽视的——教师在教育教学过程中仍占据主体性与主导性。一方面，"课程思政"的顺利开展有利于充分发挥教师的主体性作用。在"课程思政"建设过程中，教师作为兼具能动性与创造性的主体，主要表现为对"课程思政"建设过程"组织实施的主体性、对受教育者施教的主体性、对自身发展的主体性等方面。"[①]因此，"课程思政"建设有利于推动高等院校教师形成完善的知识结构、正确的思想观念，从而在知识量的储备和思想观念的先进性上优于新时代大学生。另一方面，"课程思政"的顺利开展有利于继续深化教师的主导性作用。虽然"课程思政"强调需尊重新时代大学生的主动性与自主性，但是，教师应作为教育内容的实施者和教育活动的发起人，应深化自身的主导性作用。教师的主导性主要表现为其在整个教育教学过程中的有意识性，"课程思政"建设有利于促使他们结合教育任务、目标的需要和新时代大学生思想发生的新变化，及时引导和调控活动的进程和发展方向，根据新时代下的新情况采取不同的应对办法，从而彰显自身的主导性。

三、地方高校"课程思政"的特点

地方高校作为我国高等教育体系的重要组成部分，其特点鲜明且多样。这类高校在地理位置、办学定位、学科设置和管理模式等方面都具有独特的属性。

一是地理定位与区域服务方面。地方高校通常位于特定的行政区域，与当地社区和产业紧密联系。通过为区域经济提供技术和人才支持，这些高校显著促进了区域经济的发展。同时，地方高校深入当地文化，是区域文化的传播者和继承者，推动地方文化的保护与创新。此外，地方高校承担着大量社会服务项目，如继续教育和职业培训等，直接助力地方社会发展。在此过程中，高校的专家团队常常参与地方政府的政策咨询和规划，成为重要的智力资源。

二是办学定位与人才培养方面。地方高校多以应用型教育为主，强调培养适应市场需求的应用型人才。这种定位使得学生在就业市场上具有较强的竞争力。除了应用型教育，不少地方高校也在发展研究型教育，提升科研能力，形成教学与科研并重的教育模式。通过校企合作、实习基地等方式，地方高校注重培养学生的实践能力和操作技能，以满足社会对实用型人才的需求。此外，地方高校通常采用较为灵活的教育模式，如工学结合、订单式培养等，进一步提高学生的综合素养和实际工作能力。

三是学科设置与学术研究方面。地方高校开设的专业通常涵盖多个学科领域，从理工科到人文社科，力求满足多样化的社会需求。许多地方高校会根据自身地理位置和区

[①] 王淑荣, 孟鹏涛. 论隐性思想政治教育价值实现的条件 [J]. 思想理论教育导刊, 2015(2)：112-115.

域经济特点，设立一些具有地方特色的专业，如农业科技、海洋科学等。地方高校的科研工作多以应用型研究为主，注重科研成果的转化和应用，服务地方经济社会发展。通过与其他高校和科研机构的合作，地方高校积极推动跨学科研究，提升科研创新能力。

四是管理模式与资源配置方面。地方高校在管理上拥有较大的自主权，能够根据地方需求和市场变化及时调整策略，从而提高办学效率。这些高校善于利用地方资源，采取多元化的融资方式，例如校企合作、社会捐赠等，以拓宽资金来源渠道。通过与地方政府和企业的合作，地方高校实现了资源的共享与优化配置，提升了整体教育资源的利用效率。此外，还建立了完善的信息共享平台，有助于促进校内外资源的互通互享，进一步提高教育质量和科研水平。

基于以上属性，地方高校"课程思政"也呈现出独具特色的课程思政模式。

（一）地域特色鲜明，文化资源丰富

在地方高校中，课程思政教育具有独特优势。这些高校通常位于历史文化遗产丰富的城市或地区，为课程思政提供了得天独厚的条件。例如，一些高校利用当地的革命遗址和名人故居等资源，开展红色文化教育。通过将历史事件与人物事迹融入教学过程，增强学生的爱国情怀和民族自豪感。此外，地方高校能够紧密联系当地经济社会发展情况，将地方经济政策和社会发展趋势等内容纳入课程思政。这样做不仅帮助学生了解家乡的发展变化，也激发了他们为地方建设贡献力量的热情。比如，农业类高校结合乡村振兴战略，开设相关课程，引导学生关注农村发展问题，培养他们的社会责任感。更为重要的是，地方高校注重挖掘和传承地方优秀传统文化。通过组织学生参观非物质文化遗产保护单位、邀请非遗传承人进校园等方式，让学生亲身体验传统文化的魅力，增强文化自信。这种教育方式不仅丰富了课程思政的内容，也在学生心中种下了文化认同的种子，使其在潜移默化中受到熏陶和教育。

（二）实践导向明显，应用性强

地方高校积极构建校内外实践基地，如实验室、实习基地和社区服务站等，为学生提供丰富的实践机会。通过参与实际项目，学生不仅能够提升专业技能，还能在实践中接受思想政治教育，培养团队协作精神和社会责任感。地方高校还与企业、政府机构等建立了紧密的合作关系，共同开发课程并进行联合培养。这种产教融合的模式帮助学生了解行业动态，掌握最新技术，同时在实际工作中接受职业道德教育，树立正确的就业观和职业观。学校还鼓励和支持学生参与志愿服务和社会实践活动，如支教、环保、助残等。通过这些实际行动，学生可以践行社会主义核心价值观，增强社会责任感和服务意识。

（三）融合度高，跨学科教学广泛

地方高校在课程设计上注重跨学科融合，将思想政治教育内容与专业课程有机结合。例如，在工科课程中融入可持续发展理念，在文科课程中加入法治教育，使学生在学习专业知识的同时，接受全面的思想政治教育。在教学上采用案例教学、讨论式教学、项目式教学等多种方法，打破传统单一的讲授模式，增强学生的学习兴趣和参与度；通过小组讨论、案例分析、模拟演练等方式，使学生在互动中深化对思想政治教育内容的理解。充分利用现代信息技术手段，如网络平台、虚拟现实、大数据等创新教学方式。例如，开发在线课程思政平台，提供丰富的学习资源；利用虚拟现实技术创设沉浸式学习环境，增强教学效果。

（四）校企合作紧密，社会参与度高

地方高校积极与企业合作开发课程，将企业的先进技术和管理经验带入课堂。这种合作方式包括邀请企业专家授课、进行企业案例分析等，帮助学生了解行业标准和职业规范，增强了课程的实用性和针对性。同时，地方高校还与企业共建实习实训基地，为学生提供真实的实践环境。通过企业实习、项目培养等方式，学生在实际工作中不仅锻炼了专业技能，还接受了思想政治教育，培养了职业素养和创新能力。此外地方高校高度重视社会力量的参与，邀请政府官员、行业专家、校友等进入校园，开展专题讲座、座谈会等活动。这不仅拓宽了学生的视野，还增强了他们的社会责任感。这种多样化的教育形式，使课程思政更具时代感和现实意义，让学生在多维度的学习体验中获得全面的发展。

四、"课程思政"的要求

长期以来，我国高等院校将育人工作更多地交给思想政治理论课程及其教师，但是，实践表明，这一举措取得的效果不佳。新时代下，"课程思政"要求专业课教师参与到育人工作中来，用专业知识蕴含的思想政治教育元素育人，因此，我国高等院校"课程思政"应按照立德树人的要求，明确政治导向，寓德于课，人文立课，对新时代大学生进行价值引领。

（一）政治导向

政治导向规定了中国高等院校"课程思政"的方向性问题。在这里，政治导向就是指我国高等院校"课程思政"建设要坚持社会主义办学方向。"办什么样的大学、坚持什么方向、高举什么旗帜，是高等教育发展的根本性与方向性问题。"[①] 中国高等院校的

---

① 邱伟光.课程思政的价值意蕴与生成路径 [J].思想理论教育,2017(7)：10-14.

发展方向不能恣意妄为,而是要沿着中国特色社会主义道路前进,不能脱离中国特色社会主义现代化建设的现实需求和未来目标,需为人民服务,以民之所需、所求为育人的出发点和归宿;需为中国共产党治国理政服务,保证党对高等院校的领导权,坚持马克思主义意识形态在高等院校的主导地位,牢牢把握住其在高等院校意识形态领域的领导权和话语权;需为中国特色社会主义制度的巩固和发展服务,以道路自信、理论自信、制度自信、文化自信为着力点,并将其一以贯之;需为改革开放和社会主义现代化建设服务,以培育中国特色社会主义建设的时代新人为崇高使命。高等院校社会主义办学方向的根基是否牢固,离不开其思想政治工作的质量。"课程思政"改革是我国高等院校思想政治工作的新力量,充分地展示了社会主义高等院校办学的鲜明特色,彰显了社会主义高等院校的育人导向。"课程思政"要"围绕坚定学生理想信念,以爱国、爱党、爱社会主义、爱人民、爱集体为主线";[①] 既要引导大学生实事求是、踏踏实实地学好本学科的专业知识,掌握专业技能,为中国特色社会主义建设倾尽全力,又要引导其将自身的学习生活与国家发展的主诉求联系起来,认识到学习知识的目的是为人类的幸福而奋斗,正如马克思所言:"人们只有为同时代人的完美、为他们的幸福而工作,才能使自己也达到完美"[②],从而为中国梦和共产主义的实现提供物质和精神条件。 正确的政治导向对于中国高等院校"课程思政"建设的顺利进行具有十分重要的意义。首先,只有坚持正确的政治导向,才能实现"课程思政"的本质要求。"课程思政"的根本任务是立德树人,为国家培养符合社会发展要求的时代新人。育人是"课程思政"的本质。育人的方向问题是根本问题,只有把握住社会主义这一根本方向,才能确保"课程思政"的本质不变质。其次,只有坚持正确的政治导向,才能统一新时代大学生的思想与行动,真正发挥"课程思政"的作用。正确的政治方向是统一新时代大学生的思想、协调"课程思政"各方面的力量,使之同向发挥作用的根本保证。因此,无论出现什么状况,"课程思政"都要将政治性置于重要位置,坚决不动摇社会主义的办学方向。最后,只有坚持政治导向,才能实现"课程思政"的价值。"课程思政"价值的实现程度与其是否达到教育目的以及达到的程度息息相关,要实现培养合格的社会主义建设者和接班人的目的,坚持社会主义方向是根本要求。因此,坚持政治导向是达到"课程思政"目的,实现"课程思政"价值的内在保证。

---

① 教育部.教育部关于印发《高等学校课程思政建设指导纲要》的通知 [EB/OL].2020-5-28.http://www.gov.cn/zhengce/zhengceku/2020-06/06/content_5517606.htm

② 马克思恩格斯全集 (第四十卷)[M]. 北京 : 人民出版社 ,1982:7.

（二）寓德于课

立德树人是我国高等院校的立身之本。大学教育是一个人最终走向社会的铺路石，大学阶段的教育不单单是向学生传递科学文化知识的最后冲刺阶段，更是帮助大学生形成积极健康的精神状态、良好的道德品质以及高尚人格的最后教育阶段。这是一段十分难得而又弥足珍贵的人生阅历和体验。因此，2016 年 12 月 8 日，习近平总书记在全国高校思想政治工作会议上强调："要坚持把立德树人作为中心环节，把思想政治工作贯穿教育教学全过程，实现全程育人、全方位育人，努力开创我国高等教育事业发展新局面。"① 立德不仅是思想政治教育的重点内容之一，还应成为我国高等院校"课程思政"建设的重要组成部分。德需要借助于一定的载体才能实现自身的功能和作用，"课程思政"建设为德提供了课程这一载体，既将德寓于具体的课程内容中，又将德寓于教师的教育教学过程中。德是立身之本，立国之基。自古以来，中华民族就将以德修身、从政以德作为崇高的价值追求。评价一位教师是否是一名优秀的教师，不仅要看他是否精于"授业"和"解惑"，更要看他是否以"传道"为责任和使命，也就是说，看他是否做到了"'经师'和'人师'的统一。"②

立德的要求就潜隐在这一评价标准中。新时代下，培养社会主义事业建设者和接班人是每一位高等院校教师的重要任务，而"德智体美劳全面发展"是社会主义事业建设者和接班人的应然状态，德是首位。因此，中国高等院校"课程思政"建设应突出对大学生的德行教育。

一直以来，"思政课程"在对大学生立德过程中发挥着关键作用，但是，这一教育任务不是仅仅靠某一门课程就能完成的，所有课程都要承担这一任务。从这个意义上来看，除了"思政课程"之外的其他专业课程具有不可推卸的责任，要与"思政课程"亦步亦趋、同向发力。然而，在实际的育人过程中，很多高等院校在某种程度上存在着"思政课程"与专业课程相脱节的问题，在认识上形成一种误区：帮助大学生立德是"思政课程"的任务，专业知识教育是专业课程的任务，二者是没有联系、毫不相干的。这一认识误区将"思政课程"与专业课程对峙起来，割裂了二者在立德上的一致性。因此，"课程思政"改革的提出，有效地弥补了这一不足，使立德成为所有课程及教师的任务。立德并不是

---

① 习近平.把思想政治工作贯穿教育教学全过程 开创我国高等教育事业发展新局面 [N]. 人民日报,2016-12-9.

② 习近平.做党和人民满意的好老师——同北京师范大学师生代表座谈时的讲话 [N]. 人民日报,2014-9-10.

游离于课程之外的幽灵，而是课程的应有之义，"课程思政所要实现的正是寓德于课，从而为国家、社会和人民培养德才兼备之人。"①

（三）人文立课

我国高等院校"课程思政"建设要求专业课教师挖掘所授课程的"人文素养"元素，人文素养的范畴是十分宽泛的，人文精神是人文素养中的重要部分，它是一种对人类生存意义和价值的关怀。我国高等院校"课程思政"建设的载体并不是单指某一门课程，而是除思想政治理论课程之外的其他所有课程都可以成为这一载体，没有高低优劣之分，只是在难易程度上存在差异。从本质上来看，每门课程都具有育人功能，课程教学包括教书与育人两种维度的教育，人文精神则蕴含于此，只不过在实际教育教学过程中，不同类型的课程在不同程度上隐化了人文精神。大学生只有接受了知识教育与价值观教育，才能称得上是接受了健全的教育。人文精神教育对于大学生形成健全的人格具有十分重要的意义。事实上，人文精神是课程的固有之物，"课程思政"改革进一步加深了课程原有的这种人文精神。"教师是履行教育教学职责的专业人员，承担教书育人，培养社会主义事业建设者和接班人、提高民族素质的使命。"②因此，我国高等院校"课程思政"建设强调专业课教师在教学过程中积极开发人文精神，扩充知识的内涵，赋予知识教育一定的情趣，将能力培养落到实处。

在我国高等院校"课程思政"建设中，专业课教师需认真学习、领会、贯彻立德树人是教育的根本任务中潜在的人文精神，自觉地在教育教学过程中将知识教育与家国情怀教育、健全人格教育结合起来，挖掘课程中潜隐的思想政治教育资源，对"课程思政"进行深刻的认知和理解，将对人类生存意义和价值的关怀有机地渗透到知识教学中，真真正正地使所有课程发挥育人功能，踏踏实实地守好一段渠，种好责任田。

（四）价值引领

中国高等院校"课程思政"建设要求各门各类课程挖掘潜在的思想政治教育元素，并将这种思想政治教育元素有机地融入教育教学过程中，"其中思想政治教育元素主要指思想政治教育内容，不一定是具体的思想政治教育理论知识内容，也可以是思想政治教育所体现的一种价值理念和精神追求。"③

---

① 王学俭，石岩 . 新时代课程思政的内涵、特点、难点及对应策略 [J].新疆师范大学学报（哲学社会科学版），2020(2)：50-58.
② 立德树人是高等学校的根本价值遵循 [N]. 中国教育报，2018-10-25.
③ 王学俭，石岩 . 新时代课程思政的内涵、特点、难点及对应策略 [J].新疆师范大学学报（哲学社会科学版），2020(2)：50-58.

一方面，从融入的具体内容来看，将培育和践行社会主义核心价值观融入专业知识传授与能力培养之中，实施性较强，融合模式比较易于实现，彰显我国高等院校"课程思政"的价值引领特点；另一方面，从融入的抽象内容来看，"课程思政"建设不是要将思想政治教育的基本理论知识灌输给大学生，而是要通过隐性思想政治教育的方式来引导大学生树立正确的世界观、人生观、价值观，从而实现对大学生的价值引领。"拔节孕穗期"的大学生离不开栽培和教导，他们价值取向的正确与否将对未来整个社会的价值取向产生重要影响，因此，处于青少年时期的大学生价值观教育意义重大。因此，无论从融入的具体内容还是抽象内容来看，中国高等院校"课程思政"建设是以价值引领为核心的。

五、"课程思政"与"思政课程"的异同

培养社会主义建设者和接班人是我国高等院校育人的重要目标。新时代下，"最大限度地发挥课堂教学的育人主渠道作用"，全面实施"课程思政"改革已成为提升高等院校育人实效的关键点。我国高等院校进行"课程思政"建设不仅能够促进"三全育人"格局的形成，推进社会主义大学培养目标的实现，还能够通过强化其他各类课程的育人功能，达到与"思政课程"同向同行的目的。

（一）"思政课程"与"课程思政"的根本区别

从"思政课程"到"课程思政"，我国高等院校实现了大学生思想政治教育在理念上的转化，"课程思政"改革成为我国高等院校有效贯彻落实立德树人根本任务的新动力。区别，也称差别、分别，在《汉语倒排词典》中，"区别"一词被定义为："通过比较，认识人与人或事物与事物之间的差异。"从字面上来理解，"思政课程"就是指思想政治理论课，"课程思政"是指除思想政治理论课程之外的其他各类课程均发挥育人功能，具体来看，二者在概念界定、角色定位及课程特点上存在一定的区别。

第一，概念界定不同。

"思政课程"，即思想政治理论课程，在高等院校门类众多的课程体系中，思想政治理论课到底是一个什么样的课程？对这一问题的回答，不仅能够反映出思想政治理论课程的功能定位，还能折射出思想政治理论课程的本质。

首先，思想政治理论课程是一种学科课程。学科课程就是以"学科知识或理论知识为基础建立起来的课程。"[①] 它是以一定学科形式系统组织起来的教育性经验，在所有课

---

① 骆郁廷.高校思想政治理论课程论 [M]. 武汉：武汉大学出版社,2006:33.

程经验中处于最基础、最核心、最稳定的地位，是一种非常重要的课程形态。学科课程的优势在于它十分注重知识本身的内在发展规律，以学习者的心理特点为依据进行系统组织，因而，它对于人类文化遗产的精华能够进行高效的吸收和快捷的传递，从而"加速新生一代文化或文明化的进程。"[①] 思想政治理论课是一种直接对大学生进行马克思主义与思想政治教育的课程（区别于间接进行马克思主义理论与思想政治理论教育的课程，在这里我们把直接学科德育课程和间接学科德育课程统称为德育课程）。因此，本书倾向将思想政治理论课程表述为以课堂教育为载体，以学科或理论形态为表现形式，直接对大学生进行马克思主义理论与思想政治教育的课程。简称直接学科德育课程。

其次，思想政治理论课程是德育课程。从思想政治理论课程的性质来看，它是马克思主义意识形态的反映，集中体现了无产阶级和广大人民群众的意志，是能够有力地彰显社会主义大学本质特征的课程。同时，思想政治理论课的授课内容与大学生思想道德素质的养成和政治方向的确立息息相关，以提升大学生的思想道德素质和坚定社会主义政治方向为目标。从思想政治理论课程的学科内容来看，它所传递的具体知识是以马克思主义为基础的，属于哲学社会科学课程中的一种，但是，与哲学社会科学课程和其他课程相比，又具有一定的特殊性，主要表现在教学目的和着眼点不一样。哲学社会科学课程和其他课程注重向大学生传递某学科专业方面的知识和技能，以打造专业学科的人才和为社会服务的实际本领为教育教学目标，主要从学科内部的知识结构和大学生的科学文化素质来进行课程教学。思想政治理论课程则以大学生内在的思想政治结构和思想政治素质的提升为主要指向，以马克思主义理论教育为核心，是以"学生为中心"的课程。从课程教学过程来看，思想政治理论课程不仅具有作为课堂教学活动的共同规律，在实际教学中还带有一定的特殊性。从本质上看，思想政治教育过程包括两个维度，一个维度是建构大学生精神世界的过程；另一个维度是思想政治理论课教师对大学生有目的、有计划地施加教育影响的过程。前者彰显的是教育过程的本质，在这一过程中，思想政治理论课程的内容是大学生的主要认识对象，通过对其进行学习和掌握，大学生逐渐对马克思主义理论与思想品德学科的理论知识结构及体系形成了系统的认识，在头脑中建构起马克思主义的理论体系。后者彰显的是思想政治教育的本质，使一定阶级的思想特别是统治阶级思想成为占统治地位的思想是思想政治教育的本质，这种本质体现在思想政治理论课程教学中表现为主导性与多样性、先进性与落后性、稳定性与多变性等矛盾。

---

① 单丁.课程流派研究[M].济南：山东教育出版社,1997:107.

总之，思想政治理论课程是对大学生施加思想、政治、道德等影响的课程，是凸显社会主义大学本质，培养社会主义合格建设者和接班人的德育课程。

再次，思想政治理论课程是一门国家课程。从高校思想政治理论课程的内容来看，其教学内容以社会主义意识形态为中心思想，主要涉及马克思列宁主义、毛泽东思想、邓小平理论、"三个代表"重要思想、科学发展观、习近平新时代中国特色社会主义思想以及社会主义道德等内容，这些内容均体现了国家意志要求。从高校思想政治理论课程的设置来看，其设置不是各个学校独立设计的产物，而是经由国家统一设立的。自中华人民共和国成立之日起，我国任何一门思想政治理论课程的设立都必须经由国家教育主管部门批准，甚至由党中央直接确定；思想政治理论课程方案的任何一次变更，都需要教育行政主管部门和党中央直接决策。从高校思想政治理论课程的建设标准来看，其建设标准不是自身随意决定的，而是以统一的国家标准为依据，教学的基本要求也是由国家来统一制定的，由国家统一编写指导性教材，对课程的检查和验收也是以国家的统一标准为根本依据。

"课程思政"与"思政课程"看似只是两个名词的位置发生了变化，但是实际上，"课程思政"与"思政课程"有很大的不同，前者并不是对后者简单的添加和补充，而是对后者的进一步深化，是让显性的思政课程内容在其他课程中得到隐性的渗透和深刻的感知。如第二章所述，中国高等院校"课程思政"就是以马克思主义基本立场、观点及方法为基石，以课程为载体，以各学科所蕴含的思想政治教育元素为融入点，以打造全课程育人为主要形式，潜移默化地将价值观引导寓于知识传授与能力培养之中，旨在实现立德树人根本任务的教育理念。"课程思政"是一种间接的价值观教育课程。对于除思想政治理论课教师之外的专业课教师而言，他们也是在有意识地影响大学生的思想品德发展，只不过是一种间接的德育形式，不属于直接的道德教导。一个人思想品德的养成不同于知识和技能的学习。态度和价值观是思想品德的核心部分。专业课教师不可能通过口授式的教及示范和训练式的教直接帮助大学生获得某种态度和价值观，只能通过知识与技能的教学，间接地影响大学生的态度或价值取向。因此，专业课教师要将知识和技能的传授与价值观的引导结合起来，在学科教学中间接渗透价值观教育的内容，从这一意义上来讲，"课程思政"属于间接的学科德育课程。

最后，"课程思政"促进了课堂内外相互结合。在以往对大学生进行价值观教育的工作中，思想政治理论课承担了大部分责任，在课堂内对大学生进行理论灌输。这种理论灌输对大学生而言是十分必要的。一方面，对于大学生个体而言，正确的思想和理论，即科学的世界观和方法论，不可能不学而知、不教而会，必须通过各种途径的灌输，也就是教育，才能内化为自身的意识。另一方面，大学生在进行实践活动的过程中，总会受到一定思想和理论的影响，思想和理论的差异会对大学生的实践活动产生不同的影响。新时代下，社会生活纷繁复杂，大学生比以往任何时候都更加需要用科学的思想和理论来进行抉择，为认识和改造世界提供有力的指导，在认识世界和改造世界的过程中实现自身的全面发展。这就是理论灌输的现代价值。但是，随着大学生思想政治教育工作的不断推进，党和国家意识到仅仅靠思想政治理论课在课堂上对大学生进行马克思主义理论教育是远远不够的，不能够满足新时代下人才培养的新诉求，因此，"课程思政"理念应运而生。"课程思政"促进了课堂内与课堂外两种渠道相结合对新时代大学生进行价值观教育。一方面，在课堂内，专业课教师挖掘本门课程的思想政治教育元素，使之与专业知识相结合，实现知识教育与价值观教育齐头并进。另一方面，学校党委等相关部门及各二级学院积极举办一些带有思想政治教育性质的社会实践活动，将"课程思政"从课堂内搬到课堂外，使新时代大学生在课外的社会实践活动加深对价值观教育的理解和感悟。

第二，角色定位不同。

一些与思想政治理论课程相关的文件对思想政治理论课程的地位进行了明确的规定，即思想政治理论课程是大学生思想政治教育的主渠道，但是，在具体实施过程中，由于对"主"字的认识存在偏差，曾经存在两种错误思想：一是将思想政治理论课程定位中的"主"理解为"唯一主要渠道"，从而弱化了哲学社会科学课程和其他各类课程以及所有教育教学活动的作用，将其看作"次要环节或辅助环节"。这样一来，在一定程度上过于抬高了思想政治理论课程的地位和作用，对思想政治理论课程的重要地位认识不恰当。如果将思想政治理论课与马克思主义理论课（简称"两课"）的思想政治教育功能脱离了其他专业课程和其他思想政治教育活动，那么，"两课"的负担将被大大加重。事实上，思想政治教育功能是贯穿于学校教育全过程的。2003 年，在教育部展开的全国普通高校"两课"教学调研综合组报告中，一些教育专家认为："即使像数学、物理、化学这种纯自然科学课程，同样也具有思想教育的功能。"[①]

在大学生思想政治教育过程中，"两课"不可能解决所有问题。帮助学生明确"三观"应成为所有课程和教育教学活动的责任。但是，某些人主张"两课"能够解决学生的所有思想道德问题，学生只要学了"两课"，就不会出现思想道德问题了，如果学生

———————————

① 骆郁廷.高校思想政治理论课程论 [M].武汉：武汉大学出版社,2006:41.

群体中出现了一些不尽如人意的现象，就是因为"两课"没上好，"两课"教师没教好，甚至有人将学生出现思想道德问题的责任归咎于"两课"教师。二是过度抬高了高校所有课程的育人功能，尤其是哲学社会科学课程，各门课程都可以渗透思想政治教育内容，没有必要专门设立思想政治理论课程，将"主"泛化到所有课程之中。这样一来，又在一定程度上弱化了思想政治理论课程在大学生思想政治教育中的特殊性，从而导致思想政治理论课程长期游离于高校教育教学体制之外，只是靠强制的、行政的手段来进行课程建设，使思想政治理论课程教育教学的效果大打折扣。上述两种错误思想从形式上误解了大学生思想政治教育内部各组成要素之间的关系，从实质上误读了思想政治教育主导性与多样性的辩证关系。

正确认识思想政治理论课程的主渠道地位，必须厘清以下几种辩证关系：

第一，厘清思想政治理论课程和哲学社会课程及其他各门课程之间的辩证关系。2004 年，中共中央发出《关于进一步加强和改进大学生思想政治教育的意见》（以下简称《意见》），该《意见》明确指出，要充分发挥课堂教学在大学生思想政治教育中的主导作用，将课堂教学分为思想政治理论课程、哲学社会科学课程和其他课程等三个部分。高等学校思想政治理论课是大学生思想政治教育的主渠道，哲学社会科学课程负有思想政治教育的重要职责，各门课程都具有育人功能。该《意见》对各种课程类型之间的关系进行了明确而科学的界定。第二，厘清思想政治课程教育内容主导性与各种思想政治教育资源多样性之间的关系。思想政治理论课程是集思想政治观念、道德规范、价值观念于一身并充分彰显统治阶级意识形态的课程，哲学社会科学课程和其他课程也蕴含丰富的思想政治教育元素，在这些思想政治教育元素没有得到系统整合的时候，哲学社会科学课程和其他课程的育人功能具有一定的自发性和偶然性，甚至与主流价值观念是相互抵消的，这时就需要有一种类型的课程对其进行系统整合。思想政治理论课程具有对高校内各种教育因素、教育影响、教育途径和教育力量整合的功能，对哲学社会科学课程及其他课程中内含的思想政治教育资源进行整合之后，不仅使高校课程沿着正确的方向前进，而且实现了主导性与多样性的统一。第三，厘清思想政治理论课程是大学生思想政治教育主渠道的必然性。在高校所有课程中，思想政治理论课程一直承担着对大学生进行系统马克思主义理论教育的任务。与其他意识形态相比，马克思主义意识形态是不同的，它是一种系统化、理论化的思想体系，不能依靠"附加"在其他课程中的形式来实现，必须通过一系列相互联系的课程进行系统教育。总而言之，对于思想政治理论课程的主渠道地位，既不能将其看作是唯一主要课程，将其他课程看作不重要的课程；也不能因为其他课程也具备育人功能而忽视思想政治理论课的特殊作用；正确的态度是充分理解思想政治理论课程在高等学校教学体系中的主导作用，意识到思想政治理论课程对其他课程中思想政治教育元素的整合作用，明确对于提升大学生思想道德品质的系统性，使之成为真正意义上的大学生思想政治教育的主渠道。

2016 年，在全国高校思想政治工作会议上，习近平总书记强调："要用好课堂教学这个主渠道"①，值得注意的是，这里的"主渠道"并不是颠覆了思想政治理论课的"主渠道"地位，二者的出发点是不一样的，因此不存在"谁取代谁"的问题。后者的"主渠道"地位是以课程为出发点，目的在于强调在我国高等院校所有课程中，思想政治理论课是对大学生进行思想政治教育的主渠道；前者的"主渠道"是以育人为出发点，旨在强调课程是大学生思想政治教育诸多育人环节的主渠道。在高校思想政治教育中，从"思想政治理论课程作为主渠道"到"用好课堂教学这个主渠道"，表明了"课程思政"的重要性，要将高校的思想政治教育工作贯穿到教育教学全过程之中。"课程思政"与"思政课程"同向同行。"思想政治理论课要坚持在改进中加强，其他各门课都要守好一段渠、种好责任田，使各类课程与思想政治理论课同向同行，形成协同效应。"

正所谓"蛇无头不走"。在同向同行过程中，需要某种力量占据主导方面，而这种主导力量就是思想政治理论课。马克思主义若要深深扎根于高校中，离不开思想政治理论课这一课程载体，因此，建设好思想政治理论课是十分重要的。2017 年，中共中央、国务院印发了《关于加强和改进新形势下高校思想政治工作的意见》（以下简称《意见》），该《意见》对思想政治理论课处于何种地位、如何建设思想政治理论课等内容进行了明确的规定。其他各类课程处于同向同行的协同方面，与思想政治理论课保持同向同行，充分发挥自身的育人作用，与"思政课程"一道，产生思想政治教育合力，形成课程共同体，是我国高等院校"课程思政"建设的价值所在。在这里，需要注意的是，"同向同行是一个整体，不能同向不同行，更不能同行不同向。"②"课程思政"与"思政课程"同向同行主要体现在社会主义办学本质和立德树人根本目标上，如果将同向同行理解为把各门各类课程都变成思想政治教育类课程的话，那就大大曲解了"课程思政"的本质。

第三，课程特点不同。

思想政治理论课程是新中国学校德育发展史上最早设立的德育课程之一，该课程以显性方式，以理论形态或直接学科课程方式为主要形式，逐渐发展成为大学生的一门必

---

① 习近平.把思想政治工作贯穿教育教学全过程 开创我国高等教育事业发展新局面 [N].人民日报,2016-12-9.
② 石书臣.同向同行：高校思想政治教育协同创新的课程着力点 [J].思想理论教育,2017(7)：15-20.

修课。意识形态性是思想政治理论课程的本质属性，一直承担着对大学生系统进行马克思主义理论与思想政治教育的任务，属于显性课程。思想政治理论课程以外显的形态呈现在大学生面前，能够使思想政治理论课教师明确教学目标，并以此为依据，在教育教学过程中落实自身的权责，结合自身的特点和优势来完成教学任务。此外，思想政治理论课程以马克思主义理论学科为支撑，与其他学科相比，它在对大学生进行马克思主义理论与思想政治教育方面更具系统性，而且授课对象是全校所有大学生，覆盖面广，受益面大。

"课程思政"所涉及的课程比较广泛，包括除思想政治理论课程之外的其他各门各类课程。与思想政治理论课不同，"课程思政"视阈下的绝大多数课程授课对象的范围比较狭窄，只针对部分大学生，而且多数以马克思主义理论学科之外的其他学科为理论支撑。但是，因为这些课程中的道德追求、价值规范、科学信仰、家国情怀、中华优秀传统文化及人格塑造等思想政治教育元素是潜在的，所以，除思想政治理论课程以外的其他各类课程属于隐性课程。隐性课程通常使大学生在不知不觉中受到感染和熏陶，具有无意识性。而一般情况下，大学生的心理活动不常通过认识和技能技巧等方面表现出来，而是反映在自身的情绪、情感、态度取向、意志、品格等方面，具有不确定性、难预测性和非直接性。因此，与思想政治理论课这一显性课程相比，隐性课程在契合学生专业、提供生动案例及凸显育人渗透性等方面具有不可比拟的优势。从实质上看，课程德育属于一种隐形德育，通过专业课课程所蕴含的丰富道德资源对大学生进行教育，具有一定的隐蔽性，能够潜移默化地影响他们的思想、行为和价值选择，与思想政治理论课程形成互补，将会极大地增强大学生思想政治教育的实效性。

（二）"思政课程"与"课程思政"的契合

将思想政治工作贯穿到教育教学全过程，不仅是思想政治理论课教师的任务，也是专业课教师的职责，之所以如此，是因为"思政课程"与"课程思政"具有一定的价值契合性，这种价值契合性表现在根本目标上、育人功能及教育内容等三个方面。

第一，根本目标的共同性。习近平总书记在纪念中国人民抗日战争暨世界反法西斯战争胜利75周年座谈会上指出："实现中华民族伟大复兴，必须坚持走中国特色社会主义道路。无论遇到什么风浪，在坚持中国特色社会主义道路这个根本问题上都要一以贯之，决不因各种杂音噪声而改弦更张。"[①] 因此，在中国特色社会主义道路的指引下，我

[①] 习近平.在纪念中国人民抗日战争暨世界反法西斯战争胜利75周年座谈会上的讲话 [N].人民日报,2020-9-4.

们的教育是社会主义教育，要为社会主义建设培养合格的建设者和接班人。近几年来，习近平总书记在多次讲话中提到了"培养社会主义合格建设者和可靠接班人"的重要性。作为大学生思想政治教育的主渠道，思想政治理论课将"培养社会主义合格建设者和可靠接班人"作为自身的根本目标具有必然性。大学生是党和国家重要的人才资源，是祖国的栋梁和民族的希望。思想政治理论课程是将大学生培养成为社会主义合格建设者和可靠接班人的重要途径。将大学生塑造成为中国特色社会主义现代化建设所需要的人才，在校园内形成浓郁的政治文化氛围和健康的人文环境，使高校真正成为以科学理论武装人、以正确舆论引导人、以高尚精神塑造人、以优秀作品鼓舞人的重要场所是思想政治理论课建设的价值所在。

早在1995年，《关于高校马克思主义理论课和思想品德课教学改革的若干意见》对"两课"的教学目标进行了明确的规定，即引导和帮助学生树立马克思主义的世界观、人生观、价值观，确立为建设有中国特色社会主义而奋斗的政治方向，增强抵制错误思潮和拜金主义、享乐主义、极端个人主义等腐朽思想侵蚀的能力。高校开设思想政治理论课的目的在于使大学生通过教育，提升自己的思想政治修养，将自身打造成为社会主义的忠实信徒，提高自身为社会主义现代化建设的能力和水平，进而使自己成为一名合格的社会主义建设者和接班人。思想政治理论课的增开在为我国输送源源不断的社会主义信仰者及传承和弘扬社会主义事业上发挥着不可替代的作用。

虽然在大学生思想政治教育的过程中，思想政治理论课程的主渠道地位不可动摇，但是思想政治理论课程并不是唯一具备育人功能的课程。早在1994年，《中华人民共和国教师法》对于所有教师的角色进行了明确的规定："教师是履行教育教学职责的专业人员，承担教书育人，培养社会主义事业建设者和接班人、提高民族素质的使命。"[①]

因此，对于我国高等院校而言，每一位教师既要教会学生专业知识和技能，又要教会学生如何做人。在教育教学活动中，教师需要选择一定的教育形式并借助这种教育形式与学生进行互动和沟通，这种形式就是载体。教书和育人是每一位教师的职责和使命所在，课程是教师实现这一职责和使命的载体，因此，"课程育人"是教书育人的必备要素。"课程育人"就是以党、国家和社会的意志引导课堂教学活动，教师在教学过程中积极贯彻党的教育方针，奉行德育先行的理念，坚守育人导向，不仅要求学生掌握专业知识，还要引导学生明确学习知识的意义，进而将其培养成为符合时代进步要求的社会主义合格建设者和接班人。中共中央《关于进一步加强和改进大学生思想政治教育的

---

① 黄蓉生.大学生思想政治教育若干论题研究[M].北京：人民出版社,2016:447.

意见》对高等院校各门课程如何发挥育人功能进行了明确的规定，即"要深入发掘各类课程的思想政治教育资源，在传授专业知识过程中加强思想政治教育，使学生在学习科学文化知识过程中，自觉加强思想道德修养，提高政治觉悟。"①

在全国高校思想政治工作会议上，习近平总书记又高度强调了在教育教学全过程中体现大学生思想政治教育的重要性，实现全程、全方位育人。"课程思政"改革要求各类课程进行改革，将自身潜在的思想政治教育元素挖掘出来，是将大学生思想政治教育贯穿到教育教学全过程的有力体现，是新时代下大学生思想政治教育工作的可靠武器和有力帮手，担负着重要职责，是大学生思想政治教育不容忽视的覆盖面最广、更贴近学生实际生活情况的重要组成部分。因此，"课程思政"建设要做到两个"坚守"。第一个"坚守"是坚守知识传授和能力培养。"课程思政"改革不是要消解专业课程的教育内容，弱化专业课程的科学性，而是要在尊重专业课程知识、内容的基础上体现价值观教育的内容，不能使教育教学任务大打折扣。第二个"坚守"是坚守根本目标。将价值塑造、知识传授和能力培养三者融为一体是"课程思政"的目标要求。"守好一段渠、种好责任田"强调的"坚守"主要是强调坚守社会主义办学方向，坚守立德树人，坚守为社会主义现代化建设培养合格建设者和可靠接班人的阵地。这种"坚守"不是机械的坚守，不是"传道者"和"搬运工"，只有解决培养什么样的人、怎样培养人、为谁培养人这一根本问题，才能科学地理解"课程思政"坚守的意义。总之，"思政课程"与"课程思政"是一个共同体，二者的根本目标都是为社会主义现代化建设培养合格的建设者和接班人。

第二，育人功能的一致性。"思政课程"与"课程思政"育人功能的一致性主要体现为帮助新时代大学生形成健全人格。帮助社会成员形成健全的人格是思想政治教育的重要功能之一。引导大学生树立崇高的精神追求和形成健康的心理品质，积极主动地参与社会生活，进而成为合格的社会公民是每一位大学教师义不容辞的职责。"思政课程"与"课程思政"都是大学生思想政治教育的载体，教育者通过课堂教学开展育人活动，可以更好地使大学生明确自身在改造物质世界和创造社会历史中的主体地位，明确自身的使命与担当，进一步提升自身的主体意识；可以更好地引导大学生树立远大的理想和形成高尚的目标，科学审视社会、审视人生、审视自己，进一步提升自身适应和改造客观环境的能力；可以更好地教育大学生对社会生活保持主动性和创造性，将自身的内在

---

① 中共中央文献研究室．十六大以来重要文献选编（中）[M]．北京：中央文献出版社，2006:182．

潜能充分挖掘出来，从而实现自身人格的完善。因此，"思政课程"与"课程思政"是大学生自我发展和自我完善的一种特殊的动力，具有塑造社会成员个体人格的功能。马克思主义主张实现人的自由全面发展，对人的个性发展给予充分的肯定，将其看作社会历史演进的重要尺度。从一定意义上来看，个体全面发展的过程也是人的个性形成发展过程。无论是在"思政课程"还是"课程思政"建设中，教师需将大学生的个性发展摆在重要位置，以塑造个体人格为着力点，秉持实事求是、具体问题具体分析的理念，积极鼓励大学生合理地选择适合自己发展的形式，通过诸多健康渠道实现自身的人格价值。只有这样，"思政课程"与"课程思政"的人格塑造功能才能有效地凸显出来。因此，"思政课程"与"课程思政"是促进大学生个性发展的重要途径，而积极健康的个性发展也是衡量"思政课程"与"课程思政"成效的重要标志。

第三，教育内容的切合性。大学生思想政治教育系统是由多种要素构成的，思想政治教育内容是其基本要素之一，是思想政治教育者向大学生实施教育的具体要素。思想政治教育内容是思想政治教育者以一定社会的发展要求为依据，以受教育者的思想实际为出发点，有目的、有计划地传递给受教育者的带有价值引导性的思想政治信息。无论是思想政治理论课中的思想政治理论内容，还是其他课程中潜隐的思想政治教育资源，都属于思想政治教育内容体系的一部分，二者具有切合性。虽然本书所理解的"课程思政"是狭义上的"课程思政"，但是并不能重视"课程思政"建设，而轻视"思政课程"建设，因为二者在教育内容上具有切合性。"思政课程"与"课程思政"在教育内容上的切合性主要体现在以下几个方面：

其一，教育内容的政治性、目的性和先进性。政治性是"思政课程"的根本特点，也是"课程思政"的突出特点。"思政课程"与"课程思政"的教学内容都以我国社会发展的根本方向为遵循，与新时代的发展目标保持一致并为实现这一目标服务。在我国，思想政治教育一直是党和国家事业的重要组成部分，作为大学生思想政治教育的"老力量"，"思政课程"的教育教学内容始终以马克思主义为灵魂、以党和人民的意志为出发点、与党的路线、方针、政策相一致、用马克思主义理论及中国化马克思主义教育引导广大大学生实现自身的全面发展。"课程思政"的提出将政治性拓宽到所有课程中，使"思政课程"不再唱"独角戏"，成为大学生思想政治教育的"新力量"。目的性是大学生思想政治教育内容确定和实施的基本要求。"思政课程"与"课程思政"的根本目的都是增强大学生的思想道德素质，使大学生树立科学的价值观，增强高校立德树人的实效性。"思政课程"与"课程思政"的教育教学内容都必须围绕这一根本目的展开，为实现这一根本目的服务。"思政课程"与"课程思政"的教育教学内容具有极强的现实针对性，是与时俱进的，以现实为立足点，以未来为增长点，高度体现社会的发展需求和未来新人的成长需要，始终与社会发展趋势保持一致。

其二，教育内容的针对性和可接受性。大学生思想和行为之所以千差万别，是因为受到外在因素与内在因素的共同影响。外在因素主要指家庭、学校、社会及大众传播等环境的影响；内在因素就是大学生自身能力、知识、经验等方面的限制。因此，出于思想政治教育内容可接受性的目的，"思政课程"与"课程思政"的教育教学内容都是针对大学生的身心特点、思想实际、知识程度、接受水平而确立的，针对性和可接受性极强。首先，"思政课程"与"课程思政"善于从大学生的内在需要出发，瞄准"突破口"，找准最佳时机来贯彻教育内容。对大学生进行价值观引导，就是要促进他们精神世界的发展，因此，"思政课程"与"课程思政"的教育教学内容既贴近大学生的实际思想状况，又关乎大学生的未来发展需求，是大学生健康成长的有力载体。其次，"思政课程"与"课程思政"善于从大学生的个性发展水平出发，以大学生的心理发展水平为基础确立教育教学内容。"思政课程"与"课程思政"的教育教学内容需要掌握好"度"，如果超出了大学生的心理发展水平，就会导致大学生失去努力的动力；相反，如果落后于大学生的心理发展水平，"思政课程"与"课程思政"就会丧失引导作用，因此，"思政课程"与"课程思政"的教育教学内容必须与大学生的心理发展水平相适应。最后，"思政课程"与"课程思政"善于从大学生的思想成熟度出发，确立自身教育教学内容的基调。"思政课程"与"课程思政"提出略高于大学生现有发展水平、大学生通过努力可以达到的目标要求，以更有效地促进大学生将教育内容主动转化为个体意识，内化于心，外化于行，向实现这一目标努力奋进。

其三，教育内容的时代性。随着时代的发展和大学生思想实际的变化，"思政课程""课程思政"的教育教学内容也在不断充实和丰富，具有较强的时代性。

与时俱进是马克思主义的理论品质，作为以马克思主义理论为思想根基的"思政课程"和"课程思政"，其教育教学内容与社会发展的实际状况和大学生思想发展的实际情况紧密结合在一起，时代性不断增强。首先，"思政课程"和"课程思政"的教育教学内容富有时代感。"思政课程"和"课程思政"从来不是闭门造车，而是紧扣时代发展的新诉求，在教育教学过程中充分体现时代发展出现的新课题、面临的新问题、提出的新要求，突出自身教育教学内容的时代精神；"思政课程"和"课程思政"积极用时代气息浓厚的思想和精神来引导、说服和鼓励大学生，将新信息、新知识、新观念、新思想传递给他们。其次，"思政课程"和"课程思政"的教育教学内容强调现实性。敏锐、及时地反映社会生活的实际情况是"政课程"和"课程思政"教育教学内容永葆生命力和说服力的法宝。新时代下,国内外形势发生了深刻的变化,各学科任课教师将全球化、信息化、市场化等内容渗透在教育教学过程中,逐渐将全球意识、经济伦理、生态伦理等知识拓展到教育内容中,与时代发展要求保持同步;同时,各学科教师坚持"三贴近"的原则,即"贴近实际、贴近生活、贴近大学生",时刻与大学生进行良好沟通,针对他们在学习、工作和生活中遇到的实际问题展开教育教学工作,对大学生关心、关注的问题给予回应和解答,做他们的贴心帮手。

(三)"思政课程"与"课程思政"的辩证统一

近年来,我国高等院校普遍存在一种现象,即把价值观教育与知识教育相脱离,出现重专业知识教育轻价值观教育、重专业课教师轻思想政治理论课教师的现象。事实上,其他各门各类课程同"思政课程"一样,都具备育人功能,只不过一直以来被遮蔽了而已。"思政课程"与"课程思政"是大学生思想政治教育的两个方面,在育人责任上不存在"分工"一说,二者是相辅相成、同路偕行、价值互补的。

第一,相辅相成。随着时代的发展变化,我国高等院校必须始终坚持以学生为本不动摇,意识到合力育人的必要性和紧迫性。"课程思政"发挥育人作用和功能,与"思政课程"相辅相成势在必行。"思政课程"与"课程思政"相辅相成主要体现在两个方面,一方面,"思政课程"引领"课程思政";另一方面,"课程思政"拓展"思政课程"。

"思政课程"引领"课程思政"。其一,政治方向的引领。虽然"思政课程"与"课程思政"都具有政治性,但是,"思政课程"要实现对"课程思政"的引领。党的十九大报告对我国所处的历史方位进行了新的界定,即中国特色社会主义进入了新时代。此论断不仅为我们深刻、全面地把握和理解中国特色社会主义发展的一系列问题指明了方向,而且也对高等院校思想政治理论课提出了更新、更高、更多的要求。在学校思想政治理论课教师座谈会上,习近平总书记对思想政治理论课在高等院校中的地位、功能等进行了重点论述,强调思想政治理论课是落实立德树人根本任务的关键课程。这一判断说明了作为对大学生进行马克思主义理论与思想政治教育的主渠道,引导大学生形成知、情、意、行的主阵地,思想政治理论课的政治性指向不可动摇。新时代对高等院校思想政治工作提出了新诉求,除思想政治理论课以外的其他各类课程应积极挖掘自身潜在的思想政治教育元素,彰显自身独特的育人功能,形成教育合力,进而推动全员全程全方位育人的"大思政"格局的实现。但是,在"思政课程"引领"课程思政"的过程中,由于个别专业课教师的政治立场模糊,导致所授课程的政治性不明确,他们认为政治性是"思政课程"的事情，专业课程不需要体现政治性。专业课教师一定要摒弃这种错误认识，与思想政治理论课教师"拧成一股绳""汇成一条河"，为"思政课程"在政治方向上引领"课程思政"消除阻碍。

其二，思想价值的引领。"思政课程"与"课程思政"的目的都在于将大学生培养成为具有崇高价值观的时代新人，这一目的实现离不开"思政课程"对"课程思政"的思想价值引领。"未来 30 年，我们培养的人要能够完成'两个一百年'的伟业。这就是教育的历史责任。我们党立志于中华民族千秋伟业，必须培养一代又一代拥护中国共产党领导和我国社会主义制度、立志为中国特色社会主义事业奋斗终身的有用人才。"[①]思想政治理论课不单单是对大学生进行马克思主义理论知识教育的课程，还是承载价值认同教育的课程，暗含思想价值引领的理论担当。新时代下，引导大学生增强"四个意识"、坚定"四个自信"、做到"两个维护"是思想政治理论课的新任务。因此，思想政治理论课必须积极回应现实关切，帮助新时代大学生确立价值坐标、构架理论图景，从而提升他们对"思政课程"的自信心和自豪感，进而增强他们对中国特色社会主义实践和思想的价值认同。

"课程思政"的本质在于育人，这一本质通过挖掘各门各类课程中所蕴含的思想政治教育资源体现出来，用这些思想政治教育资源来满足新时代大学生在成长成才过程中日益增长的精神文化需要。在这一过程中，价值主体是新时代大学生，价值客体是课程，精神文化则是育人载体。评价"课程思政"价值实效的指标是多维的，包括"课程思政"开发的思想政治教育元素能否满足受教育者的精神文化需求、教师在知识传授中是否充分体现了精神文化资源、"课程思政"能否实现综合育人效应、"课程思政"能否完成价值观教育的人才培养目标等。但是，由于个别专业课教师对思想价值认识片面，主观性地将思想价值引领"划分"给"思政课程"，他们将思想价值看作是专业课程的"超纲"内容，认为思想价值并非"我之专长"，从而导致"思政课程"在思想价值引领上与"课程思政"缺乏联动效应，因此，专业课教师要意识到思想价值引领并非"他人之专长"，而是所有课程的努力方向，一定要在传授理论知识的过程中凸显精神文化的培育。

其三，教学方法的引领。思想政治理论课的教育教学过程是一种引导大学生养成良好的思想素质、政治素质及道德素质的价值转换过程。在这一过程中，思想政治理论课教师用社会主流的政治观点、思想观念和道德规范，通过内化外化规律来引导大学生的思想、规范大学生的行为。长期以来，高等院校思想政治理论课随着时代的进步与发展，

---

① 习近平.思政课是落实立德树人根本任务的关键课程[N].人民日报,2020-8-31.

不断进行改革与创新。新时代下，习近平总书记对高等院校思想政治理论课的改革与创新工作提出了方法论要求，即坚持政治性与学理性相统一、价值性与知识性相统一、建设性与批判性相统一、理论性与实践性相统一、统一性与多样性相统一、主导性与主体性相统一、灌输性与启发性相统一、显性教育与隐性教育相统一。这"八个相统一"的方法论以学生的需求为出发点，以关心学生、关照学生、服务学生为指向，从而强化思想政治理论课的政治性、思想性、理论性，提升思想政治理论课的亲和力和针对性，同时也是增强"课程思政"建设有效性的一剂良药。"课程思政"是新时代下高等院校实现立德树人根本任务的新举措，要求各门各类课程在教育教学中体现思想政治教育元素，并将这一理念贯穿到教育教学的全过程中，使大学生在接受科学文化知识和专业知识教育的同时，其思想道德修养和思想政治素质得以提升和加强，将立德树人润于无声之中。教学方法是使"思政课程"和"课程思政"同向发力的催化剂，教学方法越科学、越合理，立德树人的效果就越好。随着"课程思政"改革的普遍实行，大部分专业课教师都比较认可"八个相统一"方法论的要求，并积极贯彻到教育教学过程中。但是，还存在个别专业课教师固守传统教学方法，认为"思政课程"的教学方法只适用于"思政课程"，不能强加在"课程思政"身上，没有做到因事而化、因时而进、因势而新。因此，专业课教师要在"八个相统一"方法论的指导下开展教育教学活动，在"课程思政"建设中探索怎样做到"八个相统一"，进而实现"课程"与"思政"的相互交融，为受教育者的成长成才提供方法论指导。

"课程思政"拓展"思政课程"。其一，师资力量的拓展。高等院校的育人格局随着时代的发展不断扩充与完善，"课程思政"改革改变了以往思想政治理论课教师"单兵作战"的局面，使高等院校育人工作不再由专员唱"独角戏"。实践证明，仅靠思想政治理论课教师通过课堂教学提升育人工作的实效性是远远不够的，应将育人的主体扩充至所有专业课教师，"课程思政"的育人理念使专业课教师加入大学生价值观教育行列中来，成为"育人"的新力量。高等院校所有教师要自觉做到习近平总书记在学校思想政治理论课教师座谈会上所提出的"六个要求"，即"政治要强、情怀要深、思维要新、视野要广、自律要严、人格要正"[①]，将真善美的种子种在新时代大学生的心中，帮他们扣好人生的第一粒扣子。

---

① 习近平.用新时代中国特色社会主义思想铸魂育人 贯彻党的教育方针落实立德树人根本任务 [N].人民日报,2019-3-19.

同时需要注意的是，育人不仅体现在课堂中，全体教师还应发挥课外活动等"第二课堂"的作用，将立德树人落"细"、落"精"，在新时代大学生学习工作实际生活中，更好地落实育人这一系统工程。虽然"课程思政"改革拓展了立德树人的力量，使立德树人不再成为思想政治理论课教师的"独角戏"，但是，在育人过程中，思想政治理论课教师如何处理与其他教师的关系是亟需解决的问题。个别思想政治理论课教师没有意识到其他教师的育人作用，对其育人的科学性、系统性产生怀疑，在一定程度上高估了自身在育人过程中的特殊性，低估了其他教师的育人作用。因此，思想政治理论课教师应对自身的身份、地位保持清醒的认知，公正、客观地看待其他教师在育人过程中发挥的价值。

其二，课程载体的拓展。在教育教学全过程中落实大学生思想政治工作的要求，推进全程育人、全方位育人是回答培养什么样的人、怎样培养人、为谁培养人这个根本问题的重要举措。"课程思政"，也就是在课程中体现"思政"，实现了显性教育课程与隐性教育课程的结合，使大学生思想政治教育实现了由"单课程"向"全课程"的创造性转化。换句话说，就是将育人功能从传统的"思政课程"拓宽至其他各类课程中，进而完善了大学生思想政治教育的载体。具体而言，科学精神、人文素养等思想政治教育元素是专业课程潜隐的宝贵育人资源，同时，这些育人资源为"课程思政"建设提供了有利条件。"教育者本人一定是受教育的"[①]，广大教师应扮演好"引路人"的角色，做马克思主义信仰的坚定者，先进思想文化的传播者，为新时代大学生的全面发展导引航向。在教育教学过程中，专业课教师要将本门课程中内隐的家国情怀、创新创业、不懈奋斗等鲜活的思想政治教育素材开发出来，在教给大学生专业知识与技能的同时，将为人处世的道理、社会主义核心价值观的内涵以及民族复兴的理想与使命内化到大学生的心中，从而在潜移默化中奠定课堂教学的基调，形成专业课程与"思政课程"同向发力的局面。虽然"课程思政"打通了专业课程与"思政课程"的融入点，但是，融入的效果如何，是一个值得深思的问题。"思政课程"所涉及的内容比较多，深刻而复杂，在融入的过程中，个别专业课教师"徒有书生意气，课堂难以接地气"[②]，因此，专业课教师一定要瞄准、悟透所授课程与"思政课程"的融入点，不可生搬硬套，生拉硬拽，需在尊重大学生认知规律和特点的基础上开展"课程思政"教学。

---

① 马克思恩格斯选集（第一卷）[M]. 北京：人民出版社,2012:138.
② 黄艳红. "思政课程"与"课程思政"协同育人的理路探析 [J]. 闽南师范大学学报：哲学社会科学版,2020(3)：147–150.

其三，教育资源的拓展。从"大思政"格局的角度来讲，"思政课程"属于大学生思想政治教育的第一课堂，而"课程思政"致力于将各种各样的思想政治教育元素挖掘出来，使课堂教学不再成为育人工作的唯一渠道，进而全方位地进行大学生思想政治教育。首先，其他各类课程是"课程思政"建设的基础；其次，"课程思政"也促进了高等院校将育人理念体现在科研、管理、服务、文化及组织工作中。这种要求具有两方面的意义。一方面，有利于调动思想政治教育者的主动性、自觉性和创造性。各二级学院的本科生辅导员、班主任、研究生秘书及各位导师们要教育新时代大学生勤奋学习、修身育德、明辨是非、坚实笃行，使他们心中产生信仰与真理的火花；心理咨询师要加强对新时代大学生心理特点的把握，进行人文关怀和心理疏导，使他们养成健康理性的心态；广大教师要强化"四有"意识，"用理想信念立德树人、用道德情操教书育人、用扎实学识以理服人、用仁爱之心以情动人。"[①]另一方面，有利于打造各类教育平台。比如，高等院校积极进行蕴含社会主义核心价值观的校园文化建设，利用文化所固有的潜移默化和深远持久的特点，使大学生在无形中受到校园生活各个方面的影响，使校园文化充分发挥自身对大学生的引领和规范作用；出于使大学生的课余生活不再单调，变得丰富多彩的目的，高等院校及其各二级学院积极组织一些政策宣讲、义务支教、红色之旅、志愿服务等带有"课程思政"性质的社会实践活动，这不仅有效地弥补了"思政课程"的不足，而且为提升大学生思想政治素质和能力提供了有力的实践路径。此外，运用网络平台进行"网络思政课堂"建设已成为"课程思政"与网络育人功能相结合的新形式。"网络思政课堂"打破了传统思想政治教育所遭受的时间和空间的限制，为新时代下大学生思想政治教育开拓了新领域，为提升"课程思政"的实效作出了突出贡献。尤其在全球抗击新冠病毒期间，全国各大高等院校开展的"网络思政课堂"成为新时代大学生接受理想信念、家国情怀、无私奉献等方面教育的新途径。"网络思政课堂"通过线上向受教育者传递文字、图片、视频等信息，使他们生动、真切地感受到国家、榜样人物在这场"斗争"中发挥的力量，成为"思政课程"的有益补充，大大增强了"思政课程"的时代感、亲和力和吸引力。虽然"课程思政"改革壮大了思想政治教育者的队伍，扩充了各类教育平台，但是，个别思想政治理论课教师弱化了"思政课程"的特殊性，将其上成"网络课"或者"实践课"。进入新时代，高等院校立德树人工作更为系统和完善，形成新老力量协同共进的局面。

---

① 王景云．论"思政课程"与"课程思政"的逻辑互构 [J]. 马克思主义与现实，2019(6)：186-191.

不可否认，"思政课程"应在改进中加强，结合新时代的新诉求，加入实践元素，利用新媒体等新渠道进行创新是理所应当的，但是，思想政治理论课教师不能扩大视频教学和实践活动的学时，丢弃理论讲授，要将其控制在合理的范围内。作为"老力量"，思想政治理论课教师要坚守"思政课程"的特殊性，借鉴"新力量"的经验，正确认识二者在立德树人过程中的价值。

第二，同路偕行。新时代高等院校的育人工作离不开课程这一载体，"课程思政"与"思政课程"是高等院校育人工作的两个部分，二者需要发挥自身的作用和功能，同路偕行。"课程思政"与"思政课程"同路偕行包括"同路"与"偕行"两个方面。"同路"，就是沿着共同的道路前进，即政治之路、育人之路及文化认同之路的一致性。其一，政治之路的一致性。政治维度上的一致性是"课程思政"与"思政课程"同路的根本所在。"课程思政"要以马克思主义道路为根本道路，不失政治性，在把握政治大局、明确大局意识上下功夫，与"思政课程"齐心协力，共同促进新时代大学生对整个中华民族的认同、对中国特色社会主义政治的认同，激发他们的中华民族情感等。"课程思政"不能拆"思政课程"的台，不能明修栈道，暗度陈仓。也就是说，"思政课程"对新时代大学生正面进行国家认同和政治认同教育，"课程思政"不能在背后拆台，甚至与之相对立，而是要与"思政课程"形成呼应，在大是大非等问题上必须坚定不移地以马克思主义的政治道路为导向，一以贯之，绝不含糊。其二，育人之路的一致性。"课程思政"与"思政课程"的本质都在于育人，二者必须在立德树人、以文化人等层面上保持一致。从根本上来讲，"课程思政"与"思政课程"育人之路的一致性问题就是要充分解决"培养什么样的人，为谁服务"的问题。新时代下，习近平新时代中国特色社会主义思想是中国特色社会主义理论体系的最新成果，"课程思政"与"思政课程"要将育人之路的一致性统一到这一思想维度上来，所培养的人才要具备为中国特色社会主义理论与实践服务的本领和能力，要对中国特色社会主义道路保持坚定的信念，提升道路自信；要对中国特色社会主义制度进行深刻的理解和掌握，提升制度自信；要对中国特色社会主义文化保持喜爱和敬仰之情，增强文化自信。新时代下的思想政治教育者和受教育者必须珍惜、坚持和发展中国特色社会主义道路、中国特色社会主义理论体系和中国特色社会主义制度。"课程思政"与"思政课程"要在中国道路、中国理论、中国制度、中国文化等育人之路上保持一致，进而提升道路自信、理论自信、制度自信、文化自信。

其三，文化认同之路的统一性。文化认同和价值观认同是"课程思政"与"思政课程"所要解决的重要问题。习近平总书记强调："文化自信，是更基础、更广泛、更深厚的自信。"① 文化自信离不开教育,"课程思政"蕴含的文化认同和价值观认同教育不是空穴来风,一定要与"思政课程"对新时代大学生进行的文化认同和价值观认同教育相一致,不能相互对立,各圆其说。一般而言,"课程思政"与"思政课程"要统一到对中华优秀传统文化的认同、对当代中国文化的认同、对中国价值观的认同以及对人类共同价值观认同的层面上来。在当代中国,社会主义核心价值观教育是"课程思政"与"思政课程"的共同努力方向,二者要将社会主义核心价值观的深刻要义贯穿到对新时代大学生的教育教学全过程中,使之成为中华民族最持久、最深层的力量。

偕行,即同心同德、互相弥补、彼此推进、共享发展。其一,同心同德。"课程思政"不能与"思政课程"背道而驰,而要与"思政课程"在国家政治、道路、理论、制度及文化认同等层面齐心合力、思想一致。换句话说,纳入"课程思政"系列的课程要参照"思政课程"的要求,在课程标准上下功夫,加强对课程大纲、内容设置的顶层设计,将社会主流价值观融入课程体系建设中来,凸显立德树人的现实诉求,坚守社会主义高等院校的育人底线。其二,互相弥补。这里的"互相弥补"是指建构"课程思政"与"思政课程"互补型的课程体系。在建构过程中,我们要避免两种错误倾向:一种是将"思政课程"建成"课程思政";一种是将"课程思政"建成"思政课程"。二者的课程体系是能够互相弥补的,新时代下的高校思想政治教育要构建以"思政课程"为核心、以"课程思政"为补充的课程体系。在"课程思政"建设过程中,"思政课程"要积极推进改革,明确自身的限度,澄清自身的功能和边界,明确自身重点传授的内容以及不在自身范围内的任务,为"课程思政"课程体系的建构腾出一定的空间和范围。"课程思政"要以"思政课程"的教学大纲和根本任务为依据进行课程体系设计,使其他各类课程将立德树人、以文化人等内容纳入课程体系中来,与"思政课程"的课程体系形成补充。其三,彼此推进。一方面,由于"思政课程"的理论来源十分广泛,"课程思政"能够为"思政课程"提供理论支撑和学科借鉴,同时也为"思政课程"拓宽了队伍。"思政课程"可以从"课程思政"汲取理论营养,只有与"课程思政"结为一体,才能开出最美的花朵。另一方面,"思政课程"能够以示范标准、教学规范标准和政治导向标准引领"课程思政"建设。尤其是政治导向标准,由于自身的特殊性质,"思政课程"在关注、学习国家大政、方针、政策等方面要先于其他课程,为其他课程的教育教学提供一系列标准,实现对其他课程的引领,二者形成彼此推进、良性互动的局面。其四,共享发展。这里的"共享发展"是指"课程思政"与"思政课程"在信息和资源上的共享。人类社会进入信息时代,课程资源共享成

---

① 习近平. 在庆祝中国共产党成立95周年大会上的讲话 [N]. 人民日报,2016-7-2.

为一种新趋势。如果"课程思政"与"思政课程"能够在课程信息资源方面实现共享，将会推进高等院校大学生思想政治教育工作的有效进行。"课程思政"与"思政课程"在信息和资源上的共享主要体现在学生思想观念、课程建设及教学方式方法等三个方面。高等院校需在共享结构上下功夫，为推动"课程思政"与"思政课程"共享发展，形成协同效应提供有利条件。

从实质上看，"同路偕行"体现的是认识和实践的辩证关系问题，"课程思政"与"思政课程"同路偕行就是要实现思想政治教育认识与实践的统一。"同路"是"偕行"的前提，"偕行"是"同路"的目的。"课程思政"首先要在认识维度上与"思政课程"保持"同路"，然后在认识的指导下，与"思政课程"保持"偕行"。"同路"体现的是观念性，"偕行"体现的是现实性。"课程思政"只有意识到与"思政课程"保持"同路"是实现自身有效性建设的根本所在，才能为二者的"偕行"创造有利条件，最终形成协同效应。具体而言，"同路"是方向性问题，如果"课程思政"与"思政课程"做不到"同路"，那么，二者再怎么努力也达不成立德树人的根本任务。因此在方向性问题上，"课程思政"必须要向"思政课程"靠拢，在马克思主义信仰和社会主义核心价值观教育上统一前进。"偕行"是实践性问题，反映的是"课程思政"如何做到与"思政课程"相伴相行，并以此来检验"同路"的方式方法是否有效，最终达到知行合一。但是，在"课程思政"建设过程中，出现了"课程思政"与"思政课程"同路不偕行、偕行不同路的问题。一方面，虽然专业课程在认识维度上与"思政课程"保持一致，突出政治之路、育人之路和文化认同之路的导向，但是，部分专业课程缺乏实践性，与"思政课程"不同心同德；单纯地构建符合自身专业特点的课程体系，不体现"思政"；走不出自己的"领地"，把自己的理论藏起来，不与"思政"接触，不为"思政课程"提供借鉴；将自身裹在"套子"里，与"思政课程"断绝来往，不共享教育教学信息和资源。另一方面，部分专业课程做到了与"思政课程"偕行，但是在认识维度上没有与"思政课程"同路，使偕行流于形式。比如，部分专业课程表面上突出了政治之路的导向，将符合主流意识形态的价值观寓于知识传授之中，但是，只是说出来而已，没有挖掘其深刻的内涵，没有向新时代大学生讲清楚它的具体内涵是什么，它为什么是对的，它对新时代大学生提出了怎样的要求等内容；表面上突出了育人之路的导向，但是，没有对"培养什么样的人，为谁服务"这一根本问题进行深刻的认知和感悟；表面上将社会主义核心价值观的基本内涵渗透在专业知识教学中，但是这种渗透不代表认同，对于社会主义核心价值观的科学性、合理性缺乏深入的分析和探讨，在一定程度上阻碍了新时代大学生对社会主义核心价值观的认同。

第三，价值互补。"课程思政"与"思政课程"在大学生思想政治教育中具有多维价值。"思政课程"是大学生思想政治教育的主阵地，"课程思政"是新时代下大学生思想政治教育的新途径，二者实现了显性教育和隐性教育的价值互补。从教育功能的呈现形式来看，教育学理论将教育分为显性教育与隐性教育两大类。显性教育，采用严格的"教学标准、教学计划、教学目标"等，[①]倾向于对受教育者进行理论灌输，对其进行知识维度和行为维度的教育和引导，从而在个体世界观、人生观、价值观的养成过程中发挥着关键作用；与显性教育具有明显不同，隐性教育强调教育的渗透性和内隐性，而非直接灌输，倾向于对受教育者的思想维度和心理维度产生影响，从而在个体思想品德的形成过程中发挥着熏陶作用。在教育过程中，显性教育与隐性教育是密不可分的、不可偏废，双方相互依存、相互补充，是辩证统一的关系。二者共同作用于教育过程，如果缺少其中任何一种方法，那么整个教育过程就是不完整的，教育效果不会达到最优化。就大学生思想政治教育而言，显性教育的价值在于采用"有计划、有意识、直接的方式对大学生进行教育"。[②]长期以来，主要通过思想政治理论课来完成，追求的是"立竿见影"的教育效果。但是，这种方法单一、简单、死板，逐渐发展成为一种自上而下、"填鸭式"的教育模式，而且显性教育的教学内容以概念、观点等为主，理论性较强，从而导致受教育者的内化不够及时和有效，而且直白明了、简单明确的特点也使学生产生本能的自然反抗和抵触情绪，使教育效果不尽如人意；隐性教育能够恰好弥补这一不足，它不直接公开教育的目标、任务和内容等要素，而是将其附载和渗透于其他教育实践中。"课程思政"是隐性教育的一种形式，主要通过其他课程来完成大学生的思想政治教育工作。其他课程遵循"守好一段渠，种好责任田"的要求，将育人的价值和理念潜移默化地渗透在课堂教学中，与思想政治理论课一道，沿着同一个方向前进，形成协同效应。此外，"课程思政"改革也促进了课堂之外的思想政治教育实践活动的开展，例如参观红色基地、抗日英雄纪念馆等，使受教育者切身体会到蕴含思想政治教育元素的教育内容，进而增强自身的民族荣誉感和使命感。校园文化建设也是一种有效的隐性教育形式。积极健康的校园文化对教化、塑造、熏陶和培养大学生的人文精神起着积极作用。

从"思政课程"到"课程思政"，为显性教育与隐性教育的价值互补开拓了新渠道。加强大学生思想政治教育的实效性，实现立德树人根本目标是新时代下我国高等院校面临的主要任务，这一任务的完成离不开显性教育与隐性教育的相互配合、良性互动。培

---

① 徐向飞."课程思政"视域下高职院校建构协同育人平台的逻辑理论 [J].教育与职业,2018(22)：84-89.
② 李前进.我国大学生社会主义核心价值体系教育研究 [M].上海：上海三联书店,2014:239.

养德才兼备的人才是显性教育与隐性教育长期共同作用和影响的结果。在以往的高等院校立德树人工作中，人们偏重采用具有一定系统性、规范性和有形的教育，认为隐性教育形式复杂、内容分散，效果难以评价，因此对隐性教育有所轻视。"课程思政"的提出有效地弥补了这一漏洞，实现了显性教育与隐性教育的价值互补。习近平总书记在学校思想政治理论课教师座谈会上指出："要坚持显性教育和隐性教育相统一，挖掘其他课程和教学方式中蕴含的思想政治教育资源，实现全员全程全方位育人。"① 这一论断一方面从显性维度为理直气壮地办好思想政治理论课提供了强大的战略定力，另一方面从隐性维度为其他课程与思想政治理论课同路偕行、通力合作、各显神通，共创立德树人新局面提供了战略定位。

"课程思政"与"思政课程"的价值互补在于实现了显性教育与隐性教育的通力合作，最主要的是促进了显性课程与隐性课程的互通有无和相互补充。在"课程思政"建设中，显性课程主要就是思想政治理论课，中国特色社会主义教育是我国教育的本质归属，理直气壮地开好思想政治理论课是应有之义。思想政治理论课具有公开性，在大学生思想政治教育中占据特殊地位，是"落实立德树人根本任务的关键课程"②。新时代下，"课程思政"为开好思想政治理论课注入了强大的动力，将习近平新时代中国特色社会主义思想贯穿到教学过程中，这一点必须坚决、明确、不含糊。隐性课程主要指除思想政治理论课之外的其他课程，对于大学生明确立场、坚定信仰、形成价值观产生深刻的影响，具有潜隐性。"课程思政"改革激发了其他课程同思想政治理论课同路偕行，共同发挥育人功能的积极性。从一定意义上来看，一定的知识储备和经验积累是显性课程的优势，但是，也会导致相应的空缺，这就为隐性课程的成长提供了可能；同时，隐性课程也会促进显性课程的发展，为显性课程提供直接经验的或社会政治、价值体系等的支柱。虽然显性课程与隐性课程各有侧重、各有千秋，但是，它们并不是一成不变的，而是随着时代的变化不断调整、不断进步，二者只有通力合作，结合在一起，才能更有效地促进个体的健康成长，实现立德树人的最优化。

然而，"课程思政"改革虽然促进了显性课程与隐性课程的互通有无和相互补充，但是，二者产生的教育合力不尽如人意。在立德树人过程中，"思政课程"与"课程思政"所处的地位、发挥作用的方式及产生的影响不同，各有利弊。在实际教育教学过程中，存

---

① 习近平. 用新时代中国特色社会主义思想铸魂育人 贯彻党的教育方针落实立德树人根本任务 [N]. 人民日报,2019-3-19.
② 胡大平. 坚持显性教育和隐性教育相统一，全面提升高校立德树人水平 [J]. 思想理论教育导刊,2019(7)：79-83.

在一种错误倾向：某些思想政治理论课程和专业课程闭门造车，过度地夸大了自身落实立德树人任务的独特性，忽视对方在立德树人过程中产生的价值。这种倾向是十分危险的，任何一种教育方式都不是完美的存在，只有与其他教育方式形成互补，才能实现自身价值的最大化。因此，"课程思政"与"思政课程"如何实现价值互补是亟待解决的问题。

综上所述，作为立德树人的两个有机组成部分，"课程思政"与"思政课程"即使存在一定的差异，但是，二者又具有一定的价值契合性，是相辅相成、同路偕行、价值互补的。"思政课程"对"课程思政"进行政治方向、思想价值和教学方法的引领，"课程思政"在师资力量、课程载体及课程资源上拓展了"思政课程"；"课程思政"与"思政课程"在政治之路、育人之路及文化认同之路具有一致性，并且同心同德、互相弥补、彼此推进、共享发展；"课程思政"与"思政课程"为显性教育和隐性教育的通力合作开辟了新渠道。就目前"课程思政"与"思政课程"建设的情况来看，虽然还存在一些不尽如人意的地方，比如"课程思政"对"思政课程"的引领不买单、"课程思政"融入"思政课程"的内容不协调、"思政课程"没有处理好与"课程思政"的关系、"课程思政"与"思政课程"同路不偕行或偕行不同路、"课程思政"与"思政课程"的教育合力不足等，但是，只要"课程思政"与"思政课程"齐头并进，共同发力，就能将立德树人根本任务落到实处，大大提升大学生思想政治教育的质量。

第
二
章 | **地方高校课程思政的内容与实施策略**

　　《高等学校课程思政建设指导纲要》明确了中国高等院校"课程思政"建设的主要内容，在进行总结、归纳之后，本文将其分为政治引导、思想引领、道德熏陶、劳动教育及心理健康教育等五个方面。研究中国高等院校"课程思政"建设，必须要明确其建设什么，因此，主要内容是中国高等院校"课程思政"建设的应有之义，分析透彻这部分内容至关重要。

一、地方高校"课程思政"建设的主要内容

　　"课程思政"，顾名思义，就是通过课程开展思政，课程是指除"思政课程"以外的其他各门各类课程，而思政的范围则比较广泛。教育部印发的《高等学校课程思政建设指导纲要》详细阐述了建设的内容，在对其进行归纳总结的基础上，本书将我国地方高等院校"课程思政"建设的内容归结为五个方面，即政治引导、思想引领、道德熏陶、劳动教育和心理健康教育，并对前三个方面进行了重点论述。

（一）政治引导

　　所谓政治引导，就是引导社会成员正确认识以国家问题为核心的政治关系和政治问题，因此对大学生进行政治引导，就是教育引导他们以马克思主义为根本立场去观察、分析政治问题和处理政治关系，从而保障我国的意识形态安全。政治引导是大学生思想政治教育的核心内容。"课程思政"改革是新时代下我国高等院校育人工作的新尝试，通过归纳和总结，

本书认为政治理论、政治认同及家国情怀构成了我国高等院校"课程思政"建设的政治引导方面的内容。

1. 政治理论教育

习近平新时代中国特色社会主义思想是马克思主义中国化的最新理论成果，它是对"新时代坚持和发展什么样的中国特色社会主义、怎样坚持和发展中国特色社会主义的科学回答。"①

习近平新时代中国特色社会主义思想对新时代中国特色社会主义事业在实践、创造、经验等方面的革新进行了系统的理论表达，是马克思主义与发展的中国不断结合的结果。因此，引导大学生将习近平新时代中国特色社会主义思想入脑入心，对马克思主义进行科学的认知和把握，是新时代我国高等院校育人工作的重要任务之一。

新时代下，对大学生进行政治理论教育主要是对其进行世情、国情、党情、民情教育，习近平新时代中国特色社会主义思想是对当今世情、国情、党情、民情的深刻揭示，课堂是高等院校进行立德树人的主渠道，《高等学校课程思政建设指导纲要》指出："推进习近平新时代中国特色社会主义思想进教材进课堂进头脑"，由此可见，其他各门各类课程都要将习近平新时代中国特色社会主义思想作为一项重要的思想政治教育元素来抓，使其与专业教材的知识内容相结合，找到二者的联结点，有机融入，从而增强新时代大学生对党的创新理论的认同，实现将习近平新时代中国特色社会主义思想润物细无声地进入大学生的头脑中、心灵中，为其以后"服务社会、实现个人全面发展打下坚实的思想基础。"

2. 政治认同教育

国家意识形态是在社会意识形态中处于引领和主导地位的意识形态，是社会意识形态的主流和核心。认同具有多种表现形式，政治认同是其中的一种特殊表现形式。政治认同是指"社会成员在政治生活实践中逐渐形成的对已有政治体系的归属感和行为上的支持、服从。"②大学生作为国家、民族发展的后备军，新时代大学生的政治素质强不强、政治信念坚不坚定对于我国意识形态建设具有重要意义。"高校大学生的政治认同程度，直接反映出国家政治体系的发展水平。因此，做好高校政治认同教育显得异常重要。"③

---

① 肖贵清.习近平新时代中国特色社会思想体系的建构逻辑[J].求索,2021(1)：5-12.
② 谭妤晗，李峰.对大学生学习习近平新时代中国特色社会主义思想的思考[J].学校党建与思想教育,2020(24)：83-84.
③ 张驰，王燕.对大学生政治认同教育的几点思考[J].学校党建与思想教育,2018(4)：26-28.

一方面，新时代下，国际国内形势发生了前所未有的变化，全球范围内的思想文化激荡不仅为彼此之间相互借鉴优秀文明成果提供了可能，还将我国暴露在"和平演变"战略的颠覆之下。在这一背景下，蕴含西方价值观念的意识形态以多种表现形式蜂拥而入，引起了大学生思想观念发生深刻变化。比如，"历史虚无主义、新自由主义、民主社会主义、后现代主义、实用主义和文化保守主义"等社会思潮对部分大学生的影响比较大，[①]在一定程度上对马克思主义意识形态在我国意识形态领域的指导地位造成了威胁，削弱、动摇和销蚀着大学生的思想观念，影响其政治判断，进而对国家意识形态安全造成威胁。另一方面，改革开放已有四十余载，我国取得了令世界称叹的成绩，综合实力稳步提升，国际影响力大幅度提升，人民生活发生了实质性的变化，人们对中华民族满怀自信心和自豪感。但是，在社会发展过程中也存在一些亟待解决的问题，一方面表明我国仍需在社会建设方面加大努力，另一方面也对党和政府的服务能力和水平提出了更高要求。如果不能及时有效地疏导和化解这些思想冲突和社会问题，将会对马克思主义意识形态造成消解，不利于其导引和保证功能的发挥，会使大学生质疑党和政府的服务宗旨和服务能力，从而削弱其对中国特色社会主义的道路自信、理论自信、制度自信，危及党的执政基础。

新时代下，对大学生进行政治认同教育主要是引导大学生认同中国特色社会主义和中国梦，一直以来，这一教育内容由思想政治理论课独自完成，但是，产生的实际效果与大家的期望值有一定的落差。因此，党和国家更加意识到了对大学生进行中国特色社会主义和中国梦教育的重要性，将中国特色社会主义和中国梦作为"课程思政"的一项重要内容来推进，其他各类课程也要在知识传授和能力的过程中渗透中国特色社会主义和中国梦要素，承担对大学生进行中国特色社会主义和中国梦教育的重任。这样一来，中国特色社会主义和中国梦成为其他各类课程的一项重要的思想政治教育资源，不仅使其他各类课程明确了政治性导向，而且为我国高等院校夯实社会主义方向提供了有力保证。

3. 家国情怀教育

对新时代大学生进行家国情怀教育就是对其进行爱国主义教育，所谓爱国主义教育，就是"对人们施加教育，使人们的爱国主义情感得到升华，成为一种自觉遵守的政治原则和道德规范。"[②]

---

① 邱杰,张瑞,左希正.大学生政治认同教育研究 [J].社会科学家,2014(7)：114-117.
② 邓艳葵.民族院校大学生爱国主义教育研究 [M].南宁：广西人民出版社,2013:38.

大学生思想政治教育工作是高等院校常抓不懈的经常性工作，爱国主义教育在大学生思想政治教育中占据重要地位，是思想政治教育的灵魂所在，因此，"要把加强青少年的爱国主义教育摆在更加突出的位置，把爱我中华的种子埋入每个孩子的心灵深处。"[1]新时代下，大学生爱国主义教育具有丰富的内涵。其一，2015 年 12 月 30 日，习近平总书记在十八届中共中央政治局第二十九次集体学习时强调，实现中华民族伟大复兴的中国梦，是当代中国爱国主义的鲜明主题。也就是说，中国梦与新时代爱国主义具有内在的一致性，因此，高等院校所要培养的人才离不开爱国主义教育。其二，《新时代爱国主义教育实施纲要》指出："爱国主义的本质就是坚持爱国、爱党、爱社会主义高度统一。"[2]爱国、爱党、爱社会主义不是孤立存在的个体，而是构成一个相互依靠、相互支撑的整体，因此，新时代爱国主义教育必须将爱国、爱党、爱社会主义教育统一起来。其三，爱国主义教育必须以"维护祖国统一和民族团结为着力点。"[3]新时代大学生应高举"祖国统一、民族团结"的伟大旗帜，树立中华民族共同体意识，与其他各民族人民一道共建美好中国。其四，爱国主义并不是闭关自守，而是要正确地看待爱国主义与对外开放的关系，在坚守民族性的同时，面向世界，以推动世界和平发展为最高追求。

目前，部分大学生没有将国家利益放在心上，易受外来反动势力的蛊惑，通过网络等途径泄漏涉及国家安全的信息，"勿以恶小而为之"，这种行为无形中对国家安全造成了极大的损害。还有某些大学生对我国的发展目标、步骤及未来漠不关心，历史使命感和社会责任感不强。极少数大学生没有意识到各民族平等、团结和共同繁荣的重要价值，对其他民族存在歧视现象，主要表现为在校园内对少数民族学生存在偏见等不友好行为。新时代的大学生自我意识更加强烈，他们渴望自由、不愿受拘束，当他们当中的一些人放眼看世界的时候，将我国文化与外来文化进行对比，可怕的是，他们竟大肆追捧外来文化，对我国的优秀文化嗤之以鼻，丧失了民族信仰，家国情怀不断消退。这些问题为高等院校思想政治教育敲响了警钟，我国高等院校"课程思政"建设要求其他各类课程也要在知识传授和能力的过程中渗透家国情怀要素，所有课程都要结合自身的课程特点对大学生进行爱国主义教育，这样一来，使爱国主义教育成为所有课程的共识，共同为培养大学生的家国情怀贡献力量，成为新时代大学生爱国主义教育的新途径。

---

[1] 习近平.坚持共同团结奋斗共同繁荣发展 各民族共建美好家园共创美好未来 [N].人民日报,2019-9-28.
[2] 中共中央国务院.新时代爱国主义教育实施纲要 [N].人民日报,2019-11-3.
[3] 同上。

（二）思想引领

思想引领是大学生思想政治教育的重要内容之一。从一定意义来看，个体的行为是在一定思想的指导下发生的，因此，大学生思想观念的正确与否，直接影响其行为的性质。长期以来，思想政治理论课及其教师主要承担了对大学生进行思想引领的任务，效果不是十分理想。新时代下，"课程思政"改革是对大学生进行思想引领的有力举措，它要求专业课教师将社会主义核心价值观、中华优秀传统文化及宪法法治等要素寓于知识传授和能力培养之中，使学生在获得专业知识和提升专业技能的基础上，在思想上秉持社会主义核心价值观的价值追求，受到中华优秀传统文化的熏陶，树立宪法法治意识，从而提升隐形思想教育的实效性。

1.社会主义核心价值观教育

强化价值观教育是推动社会发展进步与个人成长成才的需要。因为价值观对于个体的健康成长具有重要的指导作用，所以，新时代大学生的价值观是否正确直接影响其个性和良好德行的形成。但是，目前大学生价值观教育的效果不是令人十分满意，思想政治理论课的价值观教育与专业课的价值观教育出现了断层，因而，"课程思政"改革要求各门各类专业课程也要渗透价值观教育，将价值观教育寓于知识传授和能力培养之中，使教育对象在接受专业知识教育的同时，接受价值观的熏陶，凸显了立德树人根本任务。在这里，本书所理解的价值观教育是以人文主义为价值取向，引导新时代大学生正确认识个人价值与社会价值的关系，用正确的价值标准来看待自己的生命、生活、人生及社会的发展变化，"正确看待社会的作用和认识人生的意义"[①]，尊重生命的存在和价值，塑造高尚的灵魂，形成坚定的信仰，养成关爱情怀和人文精神，做现代文明的建设者和接班人。新时代下，高等院校教师对大学生开展价值观教育，主要是用社会主义核心价值观引导他们成长成才，把社会主义核心价值观教育渗透到其他各类课程中，是促进新时代大学生健康成长的必然要求。改革开放四十多年来，我国在经济领域取得重大进步的同时，文化领域出现了价值观多元化和多样化的趋势。市场经济体制下，东西方文化相互激荡、碰撞，新时代大学生不可避免地会产生价值困惑，在多样化的价值观中迷失自我。因此，把社会主义核心价值观渗透到其他各类课程中，不间断地对新时代大学生进行科学价值观教育，引导他们进行正确的价值选择，帮助他们解决个人价值与社会价值的冲突，提升他们的全面素质，增强他们对社会的认同感势在必行。将社会主义核心

---

① 刘济良.价值观教育[M].北京:教育科学出版社,2007:2.

价值观的价值追求潜隐于高等院校所有课程中，解决部分大学生在价值上存在的困惑，是实现价值观教育最优化的必然选择。

毫无疑问，思想政治理论课程是大学生接受社会主义核心价值观教育的主要阵地，而其他各门各类课程也是大学生接受社会主义核心价值观教育的重要场域，只是以往被忽视了而已。在专业知识传授过程中，专业课教师要将社会主义核心价值观与教学的重难点结合起来，在此基础上引导教育对象科学理性地分析当今社会出现的热点问题，对社会出现的复杂情况与多种文化思潮采取客观评价的态度，帮助新时代大学生从正确价值观的视角认识多种多样的社会意识及现象，弘扬文化领域的主旋律。因此，专业课程要凸显"价值向度"，专业课教师应"优化课程设置、完善教学设计，力争打造一批综合性、学科交叉的新型课程群"[①]，找准本专业、本学科知识与社会主义核心价值观的联结点，引导大学生正确认识个人价值与社会价值的关系，从而在价值引领方面实现与"思政课程"的同向同行。

2. 中华优秀传统文化教育

在我国高等院校"课程思政"建设中，对新时代大学生进行中华优秀传统文化教育，就是大力弘扬以爱国主义为核心的民族精神和以改革创新为核心的时代精神。一个国家的精神与其自身的物质生活条件息息相关，是在物质生活条件基础上发展起来的创造性意识活动的结晶，其形成经历了漫长的过程，它是中华民族在历史发展的长河中，在革命、建设和改革中所形成的具有中国本土特色、带有鲜明时代特征的稳定的精神品格。"每一历史时代的经济生产以及必然由此产生的社会结构，是该时代政治的和精神的历史的基础。"[②]民族精神和时代精神是人们精神世界的航向标。新时代大学生是中国梦的实践者和见证者，弘扬、培育民族精神和时代精神是其必修课之一。课堂教学是大学生接受民族精神和时代精神教育的主渠道，如何将讲仁爱、重民本、守诚信、崇正义、尚和合、求大同的思想精华和时代价值融入其他各门各类课程的专业知识教学中，对于促进高等院校育人工作的深入发展以及中国精神的弘扬和培育具有重要意义。在高等院校"课程思政"建设中，专业课教师将讲仁爱、重民本、守诚信等元素渗透到专业知识和能力培养之中，有利于增强新时代大学生的民族认同感；将崇正义、尚和合、求大同等元素渗透到专业知识和能力培养之中，有利于激发新时代大学生的开拓进取精神。

---

① 张蓓蓓. 大学生社会主义核心价值观认同与培育探究 [J]. 学校党建与思想教育 ,2020(12)：59-61.
② 马克思恩格斯选集 (第一卷)[M]. 北京 : 人民出版社 ,2012:380.

3. 宪法法治意识教育

党的十八大以后，我国开始进入新时代，全面依法治国是新时代中国特色社会主义的基本方略之一。"法治意识是人们对法律的认可、崇尚与遵从，是关于法治的思想、知识和态度。"[①]

我国高等院校"课程思政"建设要求专业课教师挖掘专业知识所蕴含的宪法法治元素，通过知识传授和能力培养，引导新时代大学生树立宪法法治意识。专业课教师透过专业知识内隐的宪法法治元素对大学生的宪法法治意识进行培养，就是要让大学生知晓社会主义法治国家建设的新理念；明确宪法是治国安邦的总章程，是人民权利的保证书；厘清权利与义务的关系，养成依法办事、依法行使权利、依法履行义务的习惯，使其成为课程教学价值表达的一部分，进而引导他们形成法治思维、树立法治意识。在我国高等院校"课程思政"建设中，专业课教师在知识传授和能力培养的过程中培养大学生的宪法法治意识，能够使他们意识到法存在于人们的日常生活中，生活处处有法，在遇到困难时，及时运用法律手段来维护自身的合法权益。同时，还能引导大学生心中有法，心中有国，做知识、做学问的目的是为国家、为人类谋福利，而不是滥用科研成果，为所欲为，甚至危害人民的生命财产安全。

（三）道德熏陶

"道德是以善恶来评价、依靠社会舆论和内心信念来实现的调整人们之间以及个人与社会之间关系的行为规范及其相应的心理意识和行为活动的总和。"[②]社会主义办学方向是我国高等教育的根本方向，因此，我国高等院校所培养的人是否具有较高的道德水平，直接关系到"新时代中国特色社会主义伟大事业的成败"。

赫尔巴特主张道德教育与知识教育是不可分割的，二者需要实现一体化。新时代下，"课程思政"改革促进了专业课教师将社会公德、职业道德、个人品德等元素渗透到专业课程中，从而实现对大学生的道德熏陶。

1. 社会公德教育

"社会公德是人们在社会交往和公共生活中应该遵守的行为准则，是维护社会成员之间最基本的社会关系秩序"[③]，也是"大学生要遵守和践行的最基本的道德要求"[④]。

---

① 戴湖松. 法治意识：话语、课程和教学 [J]. 思想政治课教学,2018(7)：44-47.
② 张耀灿，陈万柏. 思想政治教育学原理 [M]. 北京：高等教育出版社,2001:148.
③ 刘霞. 对新形势下大学生道德教育的考察 [J]. 学校党建与思想教育,2019(1)：9-91.
④ 李凤芹. 关于高校开展社会公德教育的思考 [J]. 教育与职业,2021(29)：58-60.

社会公德主要调节三个向度的关系，分别是人与人、人与社会、人与自然的关系，因此，扬善和惩恶是社会公德的两大功能。一方面，肯定、激励和弘扬一切对社会和个人生存、发展和完善起助推作用的思想和行为；另一方面，否定、驳斥和约束一切对社会和个人生存、发展和完善起阻碍作用的思想和行为。社会公德不仅是衡量一个社会文明程度的标尺，而且标志着一个国家综合素质的高低。作为未来社会建设的主力军，新时代大学生承载着民族复兴和国家繁荣的使命，其社会公德素质的高低不仅关乎个人的成长进步，而且直接影响国家的发展进步。因此，大学生的社会公德教育是我国高等院校育人工作的重要组成部分。

促进学生的全面发展是我国高等院校实施素质教育的目标，具体而言，就是不仅要教会学生如何行事，更要教会学生如何做人，要成为德才兼备的时代新人。德才兼备又是我国高等院校"课程思政"建设的目标，因此，专业课教师在授课过程中将社会公德元素寓于知识传授和能力培养之中，有其必然性。专业课教师采掘专业知识背后蕴含的社会公德元素，对于促进大学生个体的健康成长以及社会的精神文明建设具有重要意义。一方面，社会公德是新时代大学生思想道德素质的外在表现，并且愈来愈成为考量其综合素质的一项重要指标。将社会公德的基本要求渗透在专业课程中，能够为新时代大学生形成崇高的价值观起到积极的推动作用。另一方面，精神文明是评价一个国家软实力的重要指标，而社会公德又是社会主义精神文明建设的题中之义，对新时代大学生进行社会公德教育，不仅有利于为国家未来建设培养具有良好德性的社会公民，而且能够借助一批又一批具有良好德性的社会公民来提升国家的软实力。由此可见，专业课教师通过勘探专业课程潜隐的社会公德元素对新时代大学生进行社会公德教育是十分必要的。

2. 职业道德教育

"职业道德是从业者在职业活动中应具有的道德观念、道德情操和道德品质及应遵循的道德行为规范的总称。"[①] 新时代下，我国高等教育愈来愈呈现出大众化趋势，离开校园、走向社会的大学毕业生逐年增加。从整体上看，大学毕业生的职业道德状况是良好的，但也暴露出一些不足，比如：职业理想缺失，择业观念扭曲；虚构求职信息，诚信意识缺失；在功利化职业价值取向的笼罩下，专业、特长与工作性质不挂钩；奋斗精神匮乏，责任感弱化；以自我为中心，以自私为半径，背离集体，缺少服务和奉献意识。虽然这些现象不是普遍性的存在，但也在一定程度上对大学毕业生的形象造成不好的影

---

① 武晓华. 加强大学生职业道德教育的若干思考 [J]. 思想理论教育导刊,2014(2)：118-121.

响，因此，我国高等院校应高度重视这一问题，以人才培养质量为核心，加紧对大学生进行职业道德教育。

长期以来，在我国高等院校，大学生的职业道德教育只是通过某一课程或某些课程有所体现，并没有通过所有课程普遍性地开展起来，部分专业课程存在"只重视本专业知识和技能的学习，而忽视职业道德养成的现象。"①

课堂是对大学生进行职业道德教育最核心的载体，因此，我国高等院校"课程思政"建设要求其他课程挖掘潜在的思想政治教育元素，除了发挥知识传授的功能外，还要发挥育人功能，将职业道德的核心内涵渗透在知识传授和能力培养之中。专业课教师需"教育引导学生深刻理解并自觉实践各行业的职业精神和职业规范，增强职业责任感，培养遵纪守法、爱岗敬业、无私奉献、诚实守信、公道办事、开拓创新的职业品格和行为习惯"②，从而实现职业道德教育的全课程化。

3. 个人品德教育

"个人品德是指一定社会生产关系或阶级所要求的特定社会规范、道德原则在个人的思想和行为中的体现，是一个人在道德行为过程中所表现出来的比较稳定的心理特征和一贯的道德特点倾向。"③《新时代公民道德建设实施纲要》将个人品德作为公民道德建设新的着力点，因此，个体品德建设是公民道德建设的应有之义。作为社会群体中的佼佼者，大学生的个人品德如何，将对未来社会的发展质量及党和人民事业的兴衰成败产生重要影响。人才培养是一个不间断过程，只有环环相扣，才能确保人才培养的质量。其中，我国高等院校是关键一环，因此，如何提升大学生的个人品德，使其成长为德才兼备的新型人才是新时代我国高等院校面临的主要任务之一。

我国高等院校普遍存在重专业知识教育，不重个人品德教育的倾向，虽然素质教育理念已提出多年，但是，并不是所有高等院校都将其有效落实到教育教学实践中，部分高等院校没有摆脱传统思想的痼疾，从而导致德育工作陷入瓶颈。

"观念是行动的先导。"④因此，我国高等院校首先应该转变重专业知识教育，不重个人品德教育的倾向，深刻分析知识教育与品德教育脱节的危害性，进而以立德树人为抓手推进知行合一教育，将大学生个人品德建设摆在突出位置。"课程思政"教育理念

---

① 孙苏奎. 大学生的职业道德养成教育 [J]. 教育评论,2014(11)：102-104.
② 教育部. 教育部关于印发《高等学校课程思政建设指导纲要》的通知 [EB/OL]. 人民网.2020-5-28. http://www.gov.cn/zhengce/zhengceku/2020-06/06/content_5517606.htm
③ 李晓兰,刘雨姝,车丹. 论大学生个人品德建设的四个维度 [J]. 思想政治教育研究,2014(4)：108-111.
④ 同上.

的提出使我国高等院校意识到通过挖掘专业课程的德育元素对大学生进行个人品德教育的重要性。专业课教师深挖自身所授课程的德育素材，将个人品德教育寓于专业知识和能力培养之中，立足于与个人品德相关的社会热点、难点、疑点问题，精化、深化个人品德培养目标，从而实现个人品德教育"沁人心脾""润物无声"，极大地增强大学生德育的实效性。

（四）劳动教育

习近平总书记强调："要在学生中弘扬劳动精神，教育引导学生崇尚劳动、尊重劳动，懂得劳动光荣、劳动崇高、劳动伟大、劳动美丽的道理，长大后能够辛勤劳动、诚实劳动、创造性劳动。"① 习近平总书记的重要讲话精神，将劳动教育提到了一个新的高度。新时代下，地方高校"课程思政"要塑造学生良性的劳动价值理念、劳动精神理念、劳动态度理念、劳动品质理念。

1. 劳动价值理念

大学生是即将进入就业大军的"未来劳动力"。因此，大学生需要以爱劳动为出发点和落脚点，领会劳动之乐、理解劳动之根、把握劳动之源，理清劳动在社会发展和人的全面发展中扮演的决定性角色。新时代地方高校"课程思政"中的劳动教育首要任务就是要秉承马克思主义劳动观，启发学生构筑良性的劳动价值理念。

在世界历史发展的进程中，马克思主义理清了劳动在实现人的自由全面发展、构筑美好生活中发挥的关键性作用。马克思之前的学者在研究劳动时没有很好地阐释"劳动"的本真，更没能看到劳动在人类历史发展的各个阶段节点上起到的至关重要的作用。古希腊著名学者亚里士多德就曾提出："奴隶、工匠和体力劳动者是不能称为市民的，因为劳动者的生活无法使人获得美德。"可见，他极不重视劳动，将劳动视为奴隶、工匠和体力劳动者的工作。近代，随着资本主义的发展成熟，众多有识之士发现了劳动与财富的联系，认为唯有劳动方能获得财富，并将获得财富作为劳动的动因，由此忘记了人自身的生命活动。亚当·斯密认为："一国国民每年的劳动，本来就是供给他们每年消费的一切生活必需品和便利品的源泉。"② 马克思在详细探索劳动在世界历史发展进程中所扮演的关键性角色后，一针见血地强调："人（工人）只有在运用其动物机能——吃、喝、性行为，至多还有居住、修饰等等的时候，才觉得自己是自由活动，而在运用人的

---

① 习近平. 出席全国教育大会并发表重要讲话 [N]. 人民日报，2018-9-11（1）.
② [英] 亚当·斯密. 国民财富的性质和原因的研究：上 [M]. 郭大力，王亚南，译. 北京：商务印书馆，1972：1.

机能时，却觉得自己不过是动物。"① 这充分地阐释了劳动是人类发展成长成熟的原动力，说明劳动既促成了物质生活资料的形成，又结成了人与人之间的社会联系。当前，不少人对劳动存在一些认识上的误区，即严重脱离马克思主义劳动观，孤立地认识脑力劳动与体力劳动，单一地将劳动视为实现物质需求、提升财富的手段，忘记了劳动对于实现人自我价值和自由全面发展起到的关键性作用，让劳动丧失了原有的底色，让人的存在走入异化的泥潭。

新时代地方高校"课程思政"内容中的劳动教育提倡的劳动价值理念是开启学生幸福之门的"金钥匙"，既可以激发学生在校学习期间奋发有为、成长成熟，又可以推动学生进入社会后进行良好的职业谋划。正如习近平总书记指出的那样："以实现中华民族伟大复兴为己任，增强做中国人的志气、骨气、底气，不负时代，不负韶华，不负党和人民的殷切期望。"② 而上述所有这些期许都与劳动息息相关。因此新时代地方高校"课程思政"内容中的劳动教育需要培育学生树立良性的马克思主义劳动观，让学生真学、真信、真做、真用劳动价值理念，让学生在劳动中张扬活力、勤思践悟、助推梦想。

2.劳动精神理念

中国特色社会主义进入新时代，习近平总书记在多个场合中明确了我国要大力提倡劳动精神。《关于全面加强新时代大中小学劳动教育的意见》也深入地阐释了劳动精神的核心要义，将其表述为"勤俭、奋斗、创新和奉献"③。针对高校特别明确了要加大创新的力度与强度，要求"高等学校要注重围绕创新创业，结合学科和专业积极开展实习实训，专业服务、社会实践、勤工助学等，重视新知识、新技术、新工艺、新方法的运用，创造性地解决实际问题"④。

在开启全面建设社会主义现代化国家的新征程上，劳动与科技、知识密不可分，劳动的现代化、科学化、体系化逐渐成熟。伴随人工智能的成熟和引入生产生活，人们逐渐对"机器接替人"产生了强烈的担忧，其本质是科技的提升与进步对人类劳动甚至人类的将来带来了巨大的危机感与紧迫感。人与机器之间良性的共频互动不会停滞科技变革的迅捷推进，反而会使人们逐步深刻理解科技的必要性，部分企业亦表现出对高效、创新性人才的渴求。大学生唯有具备创新创造才干，方能紧跟新时代新征程的步伐，完全表现自身的能力与水平；大学生惟有奋斗不息、努力不止，方能以"只争朝夕、不负

① 马克思恩格斯全集：第 42 卷 [M]. 北京：人民出版社，1972：94.
② 习近平. 庆祝中国共产党成立 100 周年大会在北京天安门广场隆重举行 [N]. 人民日报，2021-7-2（1）.
③ 关于全面加强新时代大中小学劳动教育的意见 [N]. 人民日报，2020-3-27（1）.
④ 同上。

韶华"的信心和决心，不懈地锤炼业务能力和水平，以便未来更好地服务祖国和人民。因此，新征程赋予地方高校大学生劳动教育全新的职业期许，更加需要新时代地方高校"课程思政"来提升劳动与创新的魅力，让地方高校大学生充分参与其中，进而造就一批业务拔尖、德才兼备、又红又专的劳动者。

3. 劳动态度理念

大学的美好时光，大学生正在长身体、长知识、长才干，每天都有新收获，每天都有新期待，因此，特别需要良好的劳动态度激发学生的创新精神和实际操作能力，为未来的职业生涯打下坚实的基础。历史的发展表明，所有坐享其成、坐收其利取得的愉悦都是短暂的、不切实际的，经不起时间和空间的检验，劳动诚实与否既属于道德问题又属于法律问题，不诚实的劳动不但会突破道德的边界，而且会违反法律的条款。

地方高校大学生是我国今后劳动力就业大军中的主力，对国家富强、民族复兴、人民富裕发挥着不可或缺的作用。通过课程思政，引导学生认识到劳动不仅是谋生的手段，更是实现自我价值、提升个人素质的重要途径；让学生理解劳动的尊严和价值，树立"劳动光荣"的观念，从而在未来的职业生涯中能够积极面对各种挑战。因此，地方高校"课程思政"中融入劳动态度的必要性不言而喻。它不仅有助于培养学生的劳动观念和职业道德，促进学生全面发展，还能响应国家政策导向，增强学生社会责任感，促进学生心理健康发展，并提升学生就业竞争力。

4. 劳动品质理念

大学生在应对学业、入职和生活的挑战时，过去往往将劳动更多地窄化为生产劳动，只偏重劳动的经济价值，因此，地方高校更应该强调高瞻远瞩，重点聚焦高校大学生安邦定国的奉献精神，促进高校大学生在不懈的努力和拼搏中为全面建设社会主义现代化国家增光添彩。

《关于全面加强新时代大中小学劳动教育的意见》强调："树立正确的择业观，具有到艰苦地区和行业工作的奋斗精神，懂得空谈误国、实干兴邦的深刻道理；注重培育公共服务意识，使学生具有面对重大疫情、灾害等危机主动作为的奉献精神。"[①] 在地方高校"课程思政"中构筑大学生安邦定国的奉献精神，其核心就是培育大学生将个人的发展规划和未来前程融入国家富强、民族复兴、人民富裕的伟大事业之中。在平常学习工作中，大学生因偏好、才干和机遇等不同，对个人的发展规划和未来期许肯定会迥

---

① 关于全面加强新时代大中小学劳动教育的意见 [N]. 人民日报，2020-3-27（1）.

然不同。同时，在每个人的发展历程中，肯定会有犹豫不决、踌躇不前之时，因此，党和政府就是大学生们有力的后援和牢靠的支撑。大学生唯有做到"我将无我，不负人民"，方能激发起无穷的勇气与毅力，攻坚克难、发愤图强。反之，一个无法做到胸怀家国的青年，犹如无源之水、无本之木。新时代地方高校"课程思政"需要启迪大学生与时代同向同行，与人民同呼吸共奋斗，在平常劳动、生产劳动、创造性劳动中与祖国风雨同舟、与人民同甘共苦，展示出奋斗与拼搏的精神。

（五）心理健康教育

加强和改进大学生心理健康教育是全面促进大学生健康成长，培养和造就专门人才的重要途径；是全面贯彻党的教育方针，建设人力资源强国的重要举措；是全面提高高等教育质量，加强和改进大学生思想政治教育的重要任务。《高等学校学生心理健康教育指导纲要》明确指出："心理健康教育是提高大学生心理素质、促进其身心健康和谐发展的教育，是高校人才培养体系的重要组成部分，也是高校思想政治工作的重要内容。"[1] 心理健康教育是思想政治教育的重要内容之一，而"课程思政"建设的重点在"思政"，不能脱离课程来谈思政，因此在课堂教学中，专业课教师将心理健康元素寓于知识传授和能力培养之中，通过课程这一载体对大学生进行心理健康教育势在必行。

基于新时代中国特色社会主义教育对大学生心理健康教育的要求，我们可以构建基于"立德树人"理念的大学生心理健康的十个标准，并在专业课程教学中坚持价值和思想引领。

1. 新生适应

"适应"一词的英文为 adaptation，其源自拉丁文 adaptare。在科学意义上，这一概念首先出现在达尔文（Charles Robert Darwin）"物竞天择，适者生存"的理论中，指的是生物根据改变了的生存环境调整自身的生存形态的过程。心理学家后来将此概念应用到心理领域，并强调个人为了生存而在社会和物理环境中不断奋斗的过程，使其成为心理学中的重要概念。《心理学大辞典》（朱智贤主编）对"适应"的定义为：生物对环境变化所作出的反应，通过身体和行为上的改变来增加有机体生存的机会。在心理学中，"适应"用来表示一个动态且变化的过程。主要包括认识变化阶段、产生波动与不满足感阶段、调整适应阶段、角色转变与稳定生活阶段。

---

① 教育部.教育部发布《高等学校学生心理健康教育指导纲要》[EB/OL].2018-7-6. http://www.moe.gov.cn/srcsite/A12/moe_1407/s3020/201807/t20180713_342992.html

现代社会的快速发展对个体的心理素质提出了更高的要求。个体需要具备与时代发展相适应的意识和良好的心理素质，以应对经济发展、生活环境、社会结构、生活方式、价值观念和行为模式等方面的变化。适应变化是成为现代人的关键，积极适应意味着个人的发展和成功。因此，学会适应变化是每个人拥有健康生活和取得成功的前提与基础。然而大学新生因自我同一性危机、心理素质不高、家庭教育方式的重要性和缺乏社会支持系统等原因造成适应障碍。因此，在地方高校课程教学中教师应帮助学生调整生活方式、学习方式、学习目标与思维方式等，使其积极转变角色、适应环境、挖掘潜力和寻求发展。

2. 学习

学习是大学生活的中心内容和主要活动方式，同时也是大学生成才的基础。在学习的过程中，大学生不仅能获取知识、掌握规律，还能够提高技能、道德品质和发展身心。由于大学生处于心理过程极其复杂的时期，他们需要所有智力因素和非智力因素的积极参与。健康的心理会对学习过程和学习效果产生积极的影响，不仅有利于提高大学生的学习质量和效率，而且有助于大学生将来适应学习型社会。柯贝利亚茨基将高校活动中大学生的认知过程划分为三个阶段。第一阶段主要是对具体直观材料的感性认识，包括对抽象概念的意义的认识和对现实与生活的初步认识。这一阶段的主要目的是对学习对象进行感性的认识和理解。第二阶段主要是通过对具体材料的分析和作出结论，把新的概念系统化并对之加以评能以及使这些概念加入已学到的某一科目知识和新抽象概念的总系统，形成和加深信念与情感，把知识从学习对象变为自己的观点和信念。这一阶段的主要目的是对学习内容进行理性的认识和思考。第三阶段主要是应用知识来解决实际问题。这一阶段对于培养应用知识的能力、更深入地认识和评价理论都是非常重要的。实践对于大学生来说是检验所学知识真实性的重要标准和加深与巩固信念的手段，因此，实践在教学活动中是不可或缺的环节。这一阶段的主要目的是将学习内容与实际问题相结合，实现知识的应用和转化。

大学生的学习认知活动包括感知、观察、记忆、思维、想象等认知因素。目前，地方高校学生大多来自乡镇，来自家庭的学习支持资源较为缺乏，容易出现消极学习心理。一项研究调查结果分析显示，"自我认知的缺乏、学习目标不明确、学校学风是影响学生学习积极性的主要因素。"[①] 源于此，地方高校课程教学中要从加强学生自我认知教育、引导学生树立正确的学习目标、深化学生专业教育和培养正确的就业观几方面入手提升大学生学习效率和质量。

---

① 张仕学，李晓云，罗正琼.地方高校大学生学习现状调查与分析[J].当代教育实践与教学研究，2019(20):60—61.

3. 自我意识

大学生自我意识是以自我价值观为核心，包括个体思想价值准则意识、社会价值实现意识、国家价值信仰意识等方面内容，不同高校学生主体根据自身的思维意识认知、学习状况，在思想政治教材内容、主流价值观念的指导下，进行自我主体存在、思想政治与社会价值实现的学习领悟。在大学阶段，自我意识中的矛盾和偏差普遍存在，这些矛盾和偏差已经成为阻碍大学生身心健康发展的重要因素。地方高校大学生自我意识发展的问题主要集中在以下三个方面：一是自我物化、量化意识的倾向严重；二是自我理想信念、集体观念意识的淡化；三是自我孤独、意识空虚。

因此，地方本科高校教师就要结合专业课程理论、思想政治内容，进行多种课堂教学情境、重难点教学内容，以及课下实践教育活动的设置。这一过程中，教师根据自身丰富的思政知识储备、生活阅历，结合时下互联网信息传播、时事政治新闻等内容，向学生传达正确的思想政治价值观，包括自由、公正、爱国和诚信的价值理念教育，以及自主参与学习、探究实践学习、理论融合实践应用的教育。高校教师通过说真话、传真理的方式，在课堂中进行多媒体软件、PPT课件的教学内容演示，引导学生加入到思想政治内容、情感价值等的体验之中，与其产生情感体验、价值观念等方面的共鸣，使学生不断学习、思考、权衡、分析与反思，自我意识存在的错误理念、不足之处，通过师生共情体验的教育，建构起各专业学生端正的世界观、人生观和价值观。

4. 就业心理

在新时代，随着经济的迅猛发展和产业的迭代升级，对人才的要求越来越高，加之大学生毕业人数与日俱增，就业岗位却相对不足，困扰大学生的择业、就业问题成为不可回避的课题。面对日益严峻的就业形势，地方高校学生只能在一流本科高校学生群体和高职高专院校学生群体的夹缝中求生存，他们在心理上极易产生不良状况。例如"情绪障碍，毕业季来临时，职业院校学生恐惧、不安、忧虑成为普遍的情绪反应，各种心理冲突同时涌现，交织在一起，产生压力，增加了大学生的精神负担"[①]；专业迷茫，很多学生专业知识积累不够，不知道专业的核心竞争力是什么，有的甚至不知道所学专业面向哪些行业岗位就业，普遍存在对所学专业缺乏清晰的认知；自我认知偏差，文凭与学历是就业市场的敲门砖，没有学历优势的地方高校本科生，在激烈的职场竞争中处于劣势，很多学生又不善于自我探索、自我认识，在职业选择中自我的盲区越来越大。

---

① 冯莉莉.高职院校大学生择业心理分析与调适[J].现代职业教育,2021(49):195-197.

作为与大学生就业紧密相关的课程教学，"不仅承担着传授职业知识和技能的任务，更肩负着引导学生树立正确职业观、就业观和人生观的使命需要"。①基于此，地方本科高校课程思政要坚持重点引领，推动个人理想与社会发展融合，实现价值观塑造、能力培养、知识传递这三方面功能。价值观念的塑造是高校育人的重要任务，需要将价值观念融入知识与能力传授过程，从而帮助学生树立正确的价值观念；在能力培养方面，地方高校应注重提升学生的综合能力和核心竞争力，这不仅包括专业技能的训练，如实验操作、数据分析、项目管理等，还涵盖了跨学科能力的培养，比如批判性思维、创新能力、团队协作以及国际视野，以提高应对复杂挑战的能力；在知识传递方面，地方高校要致力于建设高质量的教学资源，采用现代化的教学手段和技术，如在线课程、虚拟实验室、智慧教室等，打破传统课堂的局限，实现优质教育资源的共享，同时，教师应不断更新自身的知识结构，紧跟学术前沿，将最新的研究成果融入课堂教学，保持教学内容的先进性和实用性，此外，地方高校还应重视学生自主学习能力的培养，鼓励学生利用网络资源进行自我探索和深度学习，培养终身学习的习惯。通过这些措施，确保学生能够为未来的职业生涯打下坚实的基础。

二、地方高校"课程思政"的建设策略

任何事物在发展过程中都会面临问题，发现问题的目的在于最终解决问题，消除事物发展的阻碍。探究我国高等院校"课程思政"建设的策略，是推进立德树人根本任务的有效落实、提升人才培养质量的必然选择。本书深入地分析了我国高等院校"课程思政"建设面临的困境及面临困境的原因，主张从原则、方法、路径等三个方面出发加强我国高等院校"课程思政"建设，坚持党委领导、协同共建、贴近实际等原则，实施统筹与支撑相统一、自察和培训相统一、融合和联动相统一等方法，党委、宣传部、教务处各司其职，专业课教师树立"立德为先"的价值观、专业课程凸显科学的价值取向。

（一）中国高等院校"课程思政"建设的原则

2019年3月18日，习近平总书记在学校思想政治理论课教师座谈会上指出："思想政治理论课是落实立德树人根本任务的关键课程。"②但是，办好思想政治理论课并非只有显性教育这样一种方式，还需要采取隐性教育的方式，挖掘其他课程中的思想政治教

---

① 翁祥栋.大学生职业发展与就业指导课程思政：现状，可行性与路径 [J].中国大学生就业，2021(21):48-51.

② 习近平.用新时代中国特色社会主义思想铸魂育人 贯彻党的教育方针落实立德树人根本任务 [N].人民日报,2019-3-19.

育资源，即"课程思政"，从而达到立德树人随风潜入夜，润物细无声的效果。观察或者处理问题所依据的准则或标准，即原则。本书认为，我国高等院校"课程思政"建设应坚持党委领导原则、协同共建原则及贴近实际原则三大原则。

1. 党委领导原则

毛泽东曾指出："政治路线确定之后，干部就是决定的因素。"[①]我国高等院校进行"课程思政"建设不是空穴来风，这一教育理念是新时代党和国家对我国高等教育提出的要求，因此，需要学校干部贯彻落实下去。宣传和执行中国共产党的决议是高等院校党委的职责所在，"课程思政"这一教育理念集中彰显了党中央的意见。高等院校党委必须要发挥自身的带动作用，促进"课程思政"改革在高等院校的贯彻落实与逐步推进。

中国共产党是我国高等院校建设和发展的领导力量，我国高等院校能否坚持中国共产党的领导直接关系到其教育目标是否与国家要求保持同步，是否为国家发展服务。坚持党委领导原则是我国高等院校进行"课程思政"建设的根本原则，校党委的力量是重中之重。立德树人是我国高等院校的根本任务，人才培养的方向与基本要求不是随心所欲规划出来的，是以国家的发展要求为基石，与国家要求的目标相一致的，而要实现国家要求的目标，就必须坚持校党委的科学、有效领导，通过这一领导力量，深刻地探讨人才培养的基本要求和人才发展的内在规律，研究出适应新时代加强育人工作的有效措施，为保证育人工作"不脱轨"提供方向指引。"课程思政"的本质在于育人，也就是说，坚持党委领导原则，能够对高等院校"课程思政"建设的落实和推进起到积极的作用，只有坚持党委的领导，才能使高等院校的发展建设不偏离党的领导路线。由于自身的特殊性质，党委领导能够使"课程思政"有目的、有计划、有秩序地推进，与党中央对高等院校的发展目标保持高度的一致，高等院校党委需扮演好"带头人"的角色，重视"课程思政"建设，主动承担起贯彻落实"课程思政"教育理念的重任，以实际行动推动"课程思政"改革的顺利进行。

高等院校党委应时刻牢记自身的领导核心地位，树立"课程思政"意识，明确通过专业课程推进育人工作的理念，贯彻落实党中央的政策，引领各个学院开创"课程思政"课程，要求专业课程在进行"课程思政"的过程中不离马克思主义的方向，不失立德树人的目标，与各院系的领导和教师们一道推进"课程思政"建设。除此之外，坚持党委领导原则，在高等院校党委内部，还要成立专门的"课程思政"建设领导小组，选调专

---

① 毛泽东选集（第二卷）[M]. 北京：人民出版社,1991:526.

门的校党委人员带动"课程思政"建设。专门人员的直接负责制能够在确保"课程思政"改革高效实施和推进方面起到积极效果。同时,高等院校党委之间还要定期或者不定期地开展交流与合作,通过这一形式互通有无,取长补短,既借鉴"课程思政"建设的有益经验,又探讨"课程建设"亟待解决的问题,只有这样,高等院校党委才能以新理念、新思维、新方法引领"课程思政"建设,为"课程思政"建设提供有益指导。

2. 协同共建原则

在我国高等院校"课程思政"建设中,协同共建原则是指专业课教师与思想政治理论课教师共同进行"课程思政"建设。无论是思想政治理论课教师,还是专业课教师,其一言一行都会对大学生产生影响。专业课教师是高等院校"课程思政"建设的实施者,在对大学生进行知识传授和能力培养的同时,也承担着教育大学生如何做人,做一个什么样的人的职责。与思想政治理论课教师相比,专业课教师与大学生接触的时间比较长,因此,他们更应该明确自身在我国高等院校"课程思政"建设中的主力军地位,要"以身作则"。但是,在实际的教育教学过程中,因为部分专业课教师育人观念错位,只教给学生知识,没有引导学生在面对大是大非该怎么做。所以,专业课教师需要思想政治理论课教师的协助,思想政治理论课教师也无需推拒,二者共同为"课程思政"建设出力。思想政治理论课教师需协助专业课教师强化立德树人意识。"所有教师都负有育人职责。"[①]

高等院校"课程思政"建设能否有效地开展起来,专业课教师是关键。专业课教师只有意识到立德树人的重要性,才能将"课程思政"理念落到实处。在"课程思政"建设过程中,专业课教师不仅要对大学生进行专业知识传授和能力培养,还要恪守育人的职责。在教育教学过程中,专业课教师除了对大学生进行理论讲授外,还要注重与大学生的交流和沟通,这就对专业课教师规范自身的言行、加强自身的道德修养提出了高要求。思想政治理论课教师需要协助专业课教师用真理和人格的力量去感染大学生。真理的力量就是专业课教师要深入地学习和掌握马克思主义,了解中国共产党制定的相关理论,具有家国情怀,保持高度的政治敏锐性,将时政热点问题与专业知识有机结合起来,体现社会进步的发展趋势;人格的力量就是专业课教师要进行人格修养的锻造,将提升道德修养作为崇高追求,不仅要研究专业知识,还要不断思考如何提升自身的道德修养,以较高的道德标准来要求自己。因为部分专业课教师的马克思主义理论底蕴不深厚,道德境界不高,所以,专业课教师除在学习马克思主义理论及提升道德修养的过程中,思

---

① 中共中央国务院. 关于进一步加强和改进大学生思想政治教育的意见 [N]. 光明日报,2004-10-15.

想政治理论课教师需发挥辅助作用，引导专业课教师学会用唯物辩证法、历史唯物主义等观点观察、分析和处理现实生活中的问题，对社会发展存在的问题保持理性、清醒的认知，固守马克思主义意识形态的底线，重视马克思主义对我国发展进步的指导意义，这样一来，专业课教师的人格修养才能上升一个高度，才能意识到立德树人的重要性。

3. 贴近实际原则

在我国高等院校"课程思政"建设中，存在部分大学生对专业知识所蕴含的思政元素"不买单"的现象，没有看到知识在导引社会发展、促进个人成长等方面的价值。大学生是"有意识、有情感、有个性的社会人"①，他们具有强烈的主体性意识不会盲目、被动、机械地接受专业课教师施加的作用和影响。每个大学生都是一个独立的物质实体，在教育教学活动中，他们通常会对专业课教师提出的观点和见解产生独特的认知，但这种认知具有先进和落后之分，也就是说，大学生的认知有时会超越时代的认识与实践局限，超越专业课教师的认识；有时又会落后于时代发展的诉求，产生阻碍社会发展的认知。课堂只是大学生学习生活的场域之一，并不能涵盖大学生学习生活的全部内容，尤其是有些大学生本来对思想政治理论课教师讲授的思想政治理论课内容不是很感兴趣，加之专业课教师又在专业知识中渗透思想政治教育元素，难免会出现厌学的情绪，因此，除了在课堂内感受大学生的学习特点、思维方式外，专业课教师还要与大学生保持紧密联系，多多关注他们的课外生活情况，当发现他们的思想与行为有错误的倾向时，发挥自身的主导作用，有计划、有目的地对其进行调整和控制，做学生成长成才的引路人。

因此，我国高等院校"课程思政"建设应坚持贴近实际原则，就是专业课教师不能将思政元素直接贴在专业知识上，而要以大学生的实际需求为出发点，以大学生的个性诉求为依据，所选取的思政元素不能超出大学生的认知范围，需挖掘大学生有能力接受的、与其实际生活联系紧密的思政元素。专业课教师从专业知识背后勘探出来的思政元素，可以与国家发展状况联系起来，以新时代民族复兴的使命为切入点，引导大学生认清所学知识是为推动社会主义建设服务的，是为中国梦的实现贡献新生力量，比如，在举国上下全力抗击新冠病毒期间，医学类的教师不仅要向学生讲解医疗卫生技术对挽救人民生命所发挥的积极作用，还要向学生传递白衣天使不惜一切代价、为国为民奋战的精神；专业课教师也可以运用榜样示范法，向大学生介绍学科建设以及实际生活中典型代表人物的先进事迹，用他们的人格魅力激发大学生透过专业知识接受价值观教育的动力。这

① 张东良，周彦良．教育学原理 [M]．北京：北京理工大学出版社,2017:143.

一原则的有效贯彻离不开专业课教师扎实的专业知识基础,理论对于实践具有指导作用,专业课教师的专业知识越扎实,专业理论与生活实践联系得就越紧密。因此,专业课教师可以求助教研室其他老师的力量,与其共同挖掘专业知识内在的思政资源。因为骨干教师的专业理论基础比较过硬、社会阅历多、教学经验丰富,将专业理论知识与学生的学习实际结合得比较好,所以,骨干教师要主动发挥带头人的作用,积极组织"课程思政"经验交流分享会,既促进了教师之间的合作,又增强了团队的力量。

(二)中国高等院校"课程思政"建设的方法

我国高等院校立德树人目标的实现、效果的好坏,离不开一定方法的指导和运用。新时代下,育人工作面临着与以往完全不同的时代背景与历史条件,面对大学生思想活动的特点以及实际的思想道德水平,只有坚持与时俱进,推动方法创新,才能使育人工作永葆生机与活力,充分发挥出自身的功能,有效实现其自身的价值。人们要认识、改造世界,就必然要进行一系列的思维活动和实践活动。人们这些活动所遵循、应用的各种方式,统称为方法。"但方法不是某种实体工具或实体因素,它总是与人的活动紧密地联系在一起,离开了人的认识或实践活动,方法就失去了存在的基础和价值。"[①]

"课程思政"是一种新型的思想政治教育理念,是新时代大学生思想政治教育新的增长点,面对部分高等院校不重视"课程思政"建设、部分专业课教师重"教"不重"育"、部分大学生对专业知识蕴含的思想政治教育元素"不买单"等问题,我国高等院校"课程思政"建设要坚持统筹和支撑相统一、自察和培训相统一及融合和联动相统一的方法。

1.统筹和支撑相统一

解决好"培养什么人、怎样培养人、为谁培养人"的问题是关乎我国高等教育成败的根本问题。我国高等院校"课程思政"建设是为中国共产党治国理政保证人才质量、为社会主义现代化建设输送可靠人才、为中华民族伟大复兴提供新生力量的重要举措。因此,我国高等院校"课程思政"建设的目标在于为加强党的建设、促进中国特色社会主义发展及实现民族复兴使命锻造合格的建设者和接班人。我国高等院校"课程思政"建设是为实现"怎样培养人"的问题而作出的崭新尝试,在这之前,没有现成的、先进的成功经验可以借鉴,因此,迫切需要党和国家的力量。"课程思政"这一教育理念从使用到建设,有力地彰显了党和国家的统筹布局和实践指导,因此,统筹与支撑相统一是解决部分高等院校不重视"课程思政"建设的有效方法。

---

① 张耀灿.现代思想政治教育学[M].北京:人民出版社,2006:361.

从统筹性维度上看，一是统筹高等院校"课程思政"的高势位建设，领导全国各地各高等院校以"两个大局"的整体视界、"后继有人"的发展需求、"民族复兴"的宏伟蓝图为着力点明晰其建设价值，将"课程思政"建设置身于中国共产党治国理政和国家前程命运的位阶上，"避免出现站位失误、政策失位、施策失准等情况"[①]，着力提升"课程思政"建设的温度、高度和深度。二是统筹高等院校"课程思政"建设的思想共鸣。领导全国各地各高等院校从灵魂旨归、价值定位、内在机理、运行机制、体系格局等层面激发"课程思政"建设思想共鸣，明确"课程思政"不是增开一门新课程，而是一种教育理念；不是通过专业课程在对大学生进行专业知识和能力培养之外进行职业伦理教育，而是通过专业课程教会大学生如何"成人"；不是将专业课程上成思政课程，而是推动专业课程内涵式发展不是思想政治理论课程的错位延伸，而是建构高等院校"大思政"育人格局，以此来厘清错误认知，回应思想难题，指明育人方向。三是统筹高等院校"课程思政"建设的基本理路。领导全国各地各高等院校理顺国家政策一般性与地方执行特殊性；育人目标的共同性与专业课程的差异性；教师教学规范性与大学生需求复杂性的关系，科学、深入、系统地解读国家政策，分析其核心要义，明确育人方向和目标，发挥自身专业课程的特色和育人资源特性，有针对性、计划性、目的性、灵活地进行"课程思政"建设。

从支撑性维度上看，一是完善高等院校"课程思政"建设的组织支撑。高等院校"课程思政"建设是一项系统的育人工程，从教育部到各地方、各高等院校都是这项育人工程的要素，都身肩推进"课程思政"建设的职责，因此，需要加强教育部的政策导引功能，各地方的监管督促功能，各高等院校的具体实施功能，从而建立完善的上下融通、权责清晰、协同联动、有效落实的组织领导体系。二是夯实完善高等院校"课程思政"建设的科研支撑。国家应为"课程思政"建设提供资金支持，设置专项基金，全国各地各高等院校也要响应国家的号召，配套"课程思政"改革课题经费，鼓励各门各类课程的专业课教师依托地方实际、学校特色、学科特质、课程特征等情况进行"课程思政"建设，从而挖掘出各地方、各高等院校独具特色的思想政治教育资源，为各学科、各专业、各课程增添思想政治教育特色，为"课程思政"教学实践提供营养，厚植"课程思政"的教学资源。

总之，统筹的目的在于导引"课程思政"建设，支撑的目的在于规范"课程思政"建设，坚持统筹和支撑相统一的方法，沿着正确的轨道进行，不迷失方向，汇集多方面力量和资源，形成齐抓共管体系，有利于推动"课程思政"建设的稳步前进。

---

① 娄淑华，马超.新时代课程思政建设的焦点目标、难点问题及着力方向[J].新疆师范大学学报（哲学社会科学版），2021(5)：96-104.

2. 自察和培训相统一

专业课教师是中国高等院校"课程思政"建设的直接参与者，实施自察和培训相统一的方法是推进高等院校"课程思政"建设的必然要求。在"课程思政"建设中，专业课教师"决定着教学内容、教学进程和教学方式。"[①] 但是，在"课程思政"的建设过程中，因为部分专业课教师的育人能力欠缺，从而出现了重"教"不重"育"的现象。所以，出于在对大学生进行知识传授和能力培养过程中实现价值观教育的目的，专业课教师既要进行自我省察，增强自身的教学技能，还要积极参与相关部门组织的培训，树立"课程思政"意识。

首先，增强教学技能。我国的学校教育在教学过程和程序上，沿袭的是赫尔巴特五段教学法。教师的教学工作主要包括："备课、讲课、作业、辅导、考评"五个基本环节。因此，与之相适应，备课、上课、课外作业的布置与反馈、课外辅导、学业成绩的检查与评定是教师应具备的常规教学能力。

备课能力。备课过程是教师对学生开展教育教学活动的准备过程。在这一过程中，教师以学科课程标准为依据，以课程特点为依托，依据学生的具体实际情况，选择最合适的表达方法和顺序，为增强学生学习的有效性提供保证。备课是整个教育教学过程的起始环节，是教师讲好课、学生上好课的先决条件。因此，出于提升"课程思政"教学的目的性、针对性和计划性，充分发挥自身主导作用，提升自身专业素养和思想政治素质的目的，高等院校专业课教师必须提升自身的备课能力。其一，备教材、备学生、备教法。专业课教师要钻研透本学科的教学目的，在厘清教材体系和基本内容的基础上，认真挖掘出本门课程所蕴含的思想政治教育元素，找到本学科教育内容与价值观教育的切入点，明确本学科学生能力培养、思想教育和教学方法上的基本要求。此外，专业课教师还需掌握大学生的身心发展特点和他们的学习方法，及时有效地了解他们的个性和兴趣，密切关注他们的思想状况，结合教育内容，采取恰当的办法来共同提升大学生的专业素质和思想素质。其二，高瞻远瞩，做好规划。专业课教师要做好学期教学进度、单元和课时等三个方面的计划。对于学期教学进度计划而言，专业课教师需对大学生整体情况作简明扼要的分析，将对大学生的价值观教育融入知识、技能的教学总要求中，明确每个单元渗透价值观教育的教学时数、教学内容上的具体安排，价值观教育运用的方式方法等。就单元计划而言，在一个单元教学开始前，专业课教师必须对这个单元教学内容中所蕴含的思想政治教育元素进行系统的考量和准备，制定出相应的计划。就课

---

① 何洪兵.论高校思想政治理论课坚持主导性与主体性相统一[J].学校党建与思想教育,2019(13)：35-38.

时计划而言，课时计划即教案，一般情况下是指教师为某一节课而拟定的上课计划。在做课时计划时，专业课教师需对本节课知识点中的思想政治教育内容作出清晰的规划，张弛有度。

上课能力。上课是教师对学生开展教育教学活动的中心环节，最直接、鲜明地体现了教师教和学生学的统一，是提升教学质量的关键一环。专业课教师要明确专业知识渗透价值观引导的教学目标。一是以课程标准、教材和学生实际为标准，全面、具体地把握本门课所要达到的价值观教育目标；二是具有强烈的价值观教育目标达成意识，并将这一目标贯穿到教育教学全过程中。专业课教师要科学审视专业知识中所蕴含的思想政治教育元素。一是要保证专业教育与价值观教育同步驱动的科学性，从专业知识中开发的思想政治教育元素要科学，对学生所关切的社会问题要深入剖析；二是保证教学内容重难点突出，要将知识传授、能力培养与价值观教育融为一体，注意整体性和连贯性；三是保证教学内容回应现实问题，做到理论与实践相结合。在对大学生进行价值观引导的过程中，专业课教师要使用恰当的教育教学方法。一是以教材、教师和学生的实际情况为基点采取灵活多样的教学方法；二是以促进学生乐于学为目的采取有情趣、巧妙的教学组织形式；三是以时代发展的诉求为出发点采取现代化教学手段。在"课程思政"建设中，专业课教师要具备扎实的教育教学基本功。包括教学用语、教学态度、板书设计、现代化教学手段及对课堂的应变力和操控力等。专业课教师要设置合理的专业知识渗透价值观教育的教学程序。一是明晰专业知识教育与思想政治教育融合的教学思路，科学合理地设置二者的融合比例；二是适度地、有针对性地设置蕴含思想政治教育元素的练习题，提升"课程思政"的教学效果；三是熟练运用自评、互评、师评等反馈调节机制，使"课程思政"的评价效果真实有效；四是体现专业知识与思想政治教育元素的融合过程，结论由学生自我领悟、自我发现。专业课教师要追求良好的育人效果。在明确专业课程教学的价值观教育目标后，专业课教师要营造民主、和谐、融洽的课堂氛围，将知识传授、能力培养与价值观教育控制在适度的范围内，使学生能够有效地消化和吸收，进而寻求最佳的学习方法，从而大大提升了学生的学习兴趣、习惯和信心。此外，专业课教师还要使自己的课堂教学具备文化底蕴和人格魅力，形成独特的教学风格。课外作业的布置与反馈能力。课外作业的目的在于加强学生对所学内容的理解和巩固，掌握一定的技能技巧，培养独立思考的能力和思维。专业课教师挖掘专业知识中思想政治教育元素的目的不仅在于使学生内化于心，还在于外化于行。因此，专业课教师在讲授完理论知识后，需拓展学生的学习空间，以价值观教育目标为导向，要求学生们参加带有思想政治教育性质的实践活动，并及时反馈心得体会。这是专业课教师促进"课程思政"建设的必备能力之一。

课外辅导能力。课外辅导是贯彻因材施教原则的重要举措，是在课堂教学规定的时间外对学生进行辅导。"课程思政"建设是一个长期的系统工程，需要专业课教师利用课内与课外两个渠道对大学生进行价值观引导。除了在课堂内，专业课教师还需在课外关注大学生的实际状况，对在思想和行为上出现问题的大学生，采取启发式的教学方法调动其主动性和积极性，引导学生自觉树立提升思想政治素质的意识。

学业成绩的检查与评定能力。学业成绩的检查与评定是考查学生学习状况和教师教学效果、调控教学进程的重要手段。在"课程思政"改革背景下，教师需将学生的思想政治素质情况作为学业成绩的一项重要部分，提高学业成绩的检查与评定能力。专业课教师要以客观实际情况为准，不偏不倚，采用灵活多样的方法，既要全面，又要突出重点，对学生的学习情况和思想政治情况作出有效、可靠的考察与评定。

其次，增加"课程思政"的培训项目。对专业课教师增加"课程思政"培训的目的在于解决他们在理论知识和教育理念上存在的问题，通过有计划、有目的的集中培训，使专业课教师在"课程思政"建设中存在的问题得以有效解决，很好地适应"课程思政"改革的要求。因此，各地区、各高等院校应大力增加对专业课教师的"课程思政"培训项目，帮助他们树立"课程思政"意识，"使其转变传统专业课程教学思维定势，明晰教师的传道授业解惑天职与价值引领、知识传授、能力培养相对应，为其开展课程思政建设提供潜在意识和思想支撑。"① 同时，"课程思政"培训项目离不开思想政治理论课教师的踊跃参与。一方面，增加"课程思政"的理论培训。大多数专业课教师思想政治理论水平的不足会在很大程度上影响"课程思政"的效果，因此，思想政治理论课教师需积极发挥自身的优势，协助专业课教师提升思想政治理论水平，"坚定正确的政治站位，明晰课程思政建设的目标指向，找准与专业课程相关的前沿热点问题，挖掘和融入思想政治教育元素，在专业课程的知识教育中融入价值观教育。"② 另一方面，增加"课程思政"的实践培训。"课程思政"建设不限于书本，具有强烈的实践指向性。因此，高等院校不应仅仅在教室里对专业课教师进行"课程思政"培训，还应将"课程思政"培训搬到教室外，使专业课教师在实践中感受科学价值观的魅力。比如，革命根据地、博物馆、档案馆、红色纪念馆、红色旅游基地等都蕴含着丰富的思想政治教育资源，在实地考察过程中，思想政治理论课教师可以发挥自身的优势，做专业课教师的讲解员，向大学生

---

① 娄淑华，马超．新时代课程思政建设的焦点目标、难点问题及着力方向 [J]．新疆师范大学学报（哲学社会科学版），2021(5)：96-104.
② 同上。

讲述老一辈革命英雄为祖国作出的贡献，使大学生感受到老一辈革命英雄身上所体现出的家国情怀、政治信仰、价值取向等内容，进而将其作为生动的案例用于课堂教学中，提升"课程思政"的育人效果。

总之，实施自察与培训相统一的方法是解决"课程思政"建设中专业课教师育人能力欠缺的必要条件。我国高等院校"课程思政"建设是将价值观引导融入知识传授中，是实现价值性与知识性同步驱动的有力举措。这一目的能否实现是以专业课教师是否具备育人能力为前提的，其育人能力的强弱是决定其育人作用发挥程度的重要因素。因此，专业课教师要自觉提升自身的育人能力，学校多组织一些"课程思政"培训活动，将自察与培训相统一的方法落到实处。

3. 融合和联动相统一

对于我国高等学校而言，课堂教学是全面推进"课程思政"建设的主渠道。"'课程思政'建设要全面着眼于高校课程体系和课程结构"[1]，新时代下，课堂教学不再拘泥于传统意义上的形式，而是集理论、实践、网络等课堂教学于一体，虽然三种形式各自具有独特之处，但是在进行"课程思政"的建设过程中，有一点是共同的，即都要实现专业课程内容与思想政治教育资源的有机融合，以及专业课教师、专业课使用的教材、教师撰写的教案、教育内容、教育方法、教学话语、教学载体、教学资源等要素的联动，因此，融合与联动相统一成为解决部分大学生认清知识传授与价值引领关系的有效方法。

从元素融合的角度看，思想政治教育与专业课程的优势不同，前者的知识内容比较完备，价值体系相对完备；后者在专业边界和学科特性上独树一帜，在全面推进"课程思政"建设的过程中，如果抛弃专业课程的独特性，将思想政治教育元素强行植入、生拉硬拽，就会造成二者的机械连接；如果在勘探专业知识所蕴含的思想政治教育资源时，脱离思想政治教育的系统性，就会导致眼花缭乱、杂乱无章，只有抓住思想政治教育的主导性、系统性，重视专业课程的主动性和独特性，将思想政治教育与专业课程兼顾起来，才能实现二者的无缝衔接和有机融合。对于思想政治教育而言，要从立德树人的高位阶出发，将自身的价值旨归与核心要义融入专业课程体系，实现对专业课程的价值导引，尤其是要以马克思主义中国化的最新理论成果统领专业课程教学的政治站位和价值导向；对于专业课程而言，要以自身的根本特质为坐标，以思想政治教育系统中与自身相切合、相搭配的知识内容和价值取向为参照系，深度勘探自身潜隐的育人元素和资源，"注重

[1] 杨晓慧. 以"大思政"理念创新思政育人格局 [J]. 思想教育研究,2020(9)：6-8.

融入的深度"[1]，明确实施"课程思政"改革的关键点，从而增强思想政治教育与专业课程的向心力和凝聚力，实现有机融合。

从要素联动的角度看，专业课程的范围比较广，涉及高等院校的各门各类课程，每类课程在"教师、教材、教案、内容、方法、话语、载体、资源"等方面特点鲜明，[2]并在此基础上形成区别于其他课程的独特魅力。系统与联动意识是专业课程进行"课程思政"建设的必备意识，不仅要凸显自身在教育教学元素上的优势，并使其得到行之有效的发挥，还要增进思想政治教育在队伍建设、方法选择、话语运用、资源共享等方面的特质互通有无，优势互补。此外，还要以思想政治教育的价值导向为目标遵循，实现自身教育教学要素鲜明特点的系统联动和整合重组，将丰富多彩的教学呈现转化为"课程思政"的育人优势。

正如习近平总书记所说，要想做好思想政治工作，应该要使其像盐一样，但只是吃盐是不够的，要"将盐溶解到各种食物中自然而然吸收。"[3]大学生不是"僵死的人"，而是活生生的、具有主观能动性的个体。因此，出于解决部分大学生对专业课程中思想政治教育元素"不买单"的现象，必须实施融入与联动相统一的方法，让专业课程在融入和联动上下功夫，使思想政治教育元素像盐一样溶解在专业知识中，如血液一样流动到人的身体之中，进而提升"课程思政"的育人效果。

（三）地方高校"课程思政"建设的路径

"课程思政"是在"三全育人"格局下的一项长期性、系统性工程，它不仅仅是为了将专业课程简单思政化，也不仅仅是打造某些特定课程的"样板间"。其核心在于让所有专业课程都能发挥出育人的作用，使每一位专业课教师都承担起育人的责任。因此，对于地方高校而言，"课程思政"的建设需要从责任主体明确化、实施主体多元化、专业课程育人化这三个方面着手加强。首先，明确教师作为课程思政的责任主体，每位教师都应具备将思想政治教育融入专业教学的意识和能力；其次，实施主体的多元化意味着除了专业教师外，还需要学校管理层、学生工作部门乃至全体教职工共同参与，形成合力；最后，专业课程的育人化要求所有课程设计都要围绕立德树人的根本任务，确保每一门课程都能有效促进学生的思想道德修养、科学文化素养及社会服务能力的全面提升。

---

① 蒲清平，何晓玲.高校课程思政改革的趋势、堵点、痛点、难点与应对策略[J].新疆师范大学学报（哲学社会科学版），2021(5)：105-114.

② 娄淑华，马超.新时代课程思政建设的焦点目标、难点问题及着力方向[J].新疆师范大学学报（哲学社会科学版），2021(5)：96-104.

③ 习近平.把思想政治工作贯穿教育教学全过程 开创我国高等教育事业发展新局面[N].人民日报，2016-12-9.

1. 党委、宣传部、教育处各司其职

第一，习近平总书记指出："高校党委对学校工作实行全面领导，承担管党治党、办学治校主体责任，把方向、管大局、作决策、保落实。"[①] 在我国高等院校"课程思政"建设中，党委处于责任主体的位置，因此要积极肩负起立德树人的责任，消除育人工作实施主体的认知偏差，剔除思想政治理论课程独自完成育人工作的错误认知，吸收全课程、全员、全过程、全方位的育人理念。地方高校"课程思政"建设不能迷失方向，校党委就是方向标，因此，地方高校党委"要认真学习习近平总书记关于高等学校思想政治工作的论述，认真研讨和落实国家教育部门的相关文件和要求，结合学校自身情况，出台系列性政策，为开展课程思政提供支持。"[②]

第二，地方高校宣传部发挥宣传作用。从工作方向上来看，地方高校宣传部与党委具有一致性，二者都必须贯彻落实党中央的决策，与党中央保持同一行动方向。意识形态工作是地方高校宣传部工作的重中之重。地方高校党委和宣传部在促进大学生思想政治工作的有效开展和贯彻落实党中央的思想决议上发挥着不可替代的作用。因此，地方高校"课程思政"建设的有效推进，不仅需要校党委的高度重视，还离不开宣传部的意识引领。

在地方高校进行"课程思政"的建设中，宣传部的工作在于积极宣传"课程思政"理念，使其被广大师生所认知。宣传部通过意识的作用将"课程思政"教育理念传播开来，这一思想引领功能能够促进师生形成"课程思政"意识，找准自身的位置，为"课程思政"建设贡献一己之力。对于专业课教师而言，宣传部积极宣传"课程思政"教育理念，会使专业课教师深刻地意识到党中央对高等教育的领导作用，地方高校的工作需落实党中央的要求，从而明确育人理念的时代动态，在观念上深化对"课程思政"的理解。宣传部的思想引领功能还将促进专业课教师在实践行动上以国家对教育发展的要求为依托，自由自觉地将"课程思政"这一教育理念落实到教育教学实践中，以实际行动推进"课程思政"建设；宣传部从舆论引导和文化建设等两个方面推进"课程思政"建设，能够使大学生对"课程思政"产生正确的态度，逐渐认同寓价值观引导于知识传授和能力培养之中的教育理念，接纳专业课程嵌入思想政治教育元素的教育方式，进而使大学生在接受专业知识和能力培养的同时树立科学的价值观，实现德、智的共同进步。因此，宣传部通过思想导引、舆论引导、文化建设等方式，促使地方高校师生树立"课程思政"理念是推进"课程思政"建设的有效路径之一。

---

① 习近平. 习近平谈治国理政（第二卷）[M]. 北京：外文出版社,2017:379.
② 刘建军. 课程思政：内涵、特点与路径 [J]. 教育研究,2020(9)：28-33.

第三，地方高校教务处将"课程思政"教育理念落到实处。在"课程思政"建设中，与校党委的领导、宣传部的宣传有所不同，教育处的主要任务在于落实"课程思政"建设。教务处落实"课程思政"的具体措施主要在于课题引领。问题意识是课题的核心要义，课题能够有针对性地解决问题，并且对解决问题的方法和过程更具有操作性。各学院、教研室、各专业课教师可以根据自身的学科背景对"课程思政"进行多角度的研究，从不同视角确立相关课题，为"课程思政"教学提供有力指导。作为课题立项的主要负责部门，地方高校教务处应明确责任，以课题为抓手，通过课题引领，将"课程思政"教育理念落到实处。课题需要依靠一定的形式来展开研究，团体合作是推动课题高效完成的最佳形式。各教研室不能盲目地选择与"课程思政"有关的课题，而是要以自身的学科归属为依据，结合学科特点和单位的研究条件、实际情况，拟定课题方向。"马克思主义学院拥有坚定的马克思主义信仰、专业化的教学团队、丰富的马克思主义教学资源。"[①] 因此，各学院、各教研室、各专业课教师在进行"课程思政"的课题研究中，可以求助于马克思主义学院的力量，以马克思主义学院的各教研室为中心，在其引领下进行"课程思政"的课题研究。具体而言，马克思主义学院的各教研室可以从理论维度上对"课程思政"的概念、特征、落实方式等进行探讨，其他学院的教研室可以结合自身的学科背景从实践层面对"课程思政"建设存在的问题、原因、实施策略等方面进行剖析。团体合作的形式凝聚了全校的力量，将产生一种极强的教育合力，这种教育合力会有效地推进地方高校"课程思政"建设向纵深发展。

在地方高等院校，各二级学院教研室通过课题形式对"课程思政"建设进行深入探讨和研究，这将极大促进学校及教师的共同发展。对于地方高校而言，开展以"课程思政"为核心的研究课题，不仅能够为其进行"课程思政"改革提供坚实的理论基础，还能在实践中探索有效的实施路径。这是因为课题研究既依赖于深厚的理论支持，又离不开丰富的实践经验，只有当理论与实践紧密结合时，课题研究才能取得预期成效。对于教师来说，参与"课程思政"相关课题，有助于明确自身作为实施主体的角色定位，激发内在动力，培养专业兴趣，从而更加主动地参与到立德树人的教育实践中。通过课题研究，教师们能够更好地理解"课程思政"的内涵与要求，将其转化为具体的教学策略和方法，在日常教学活动中加以运用。此外，这种方式还有助于推动地方高校的科研能力建设，促进教师间的学术交流与合作，营造积极向上的科研氛围。因此，地方高校的教务管理

---

① 高德胜，聂雨晴.论马克思主义学院在课程思政改革中的实践价值 [J].思想政治教育研究,2020(1)：77–82.

部门应当积极履行职责，设立专门针对"课程思政"的研究课题，通过课题引领，推动"课程思政"教育理念在全校范围内的普及与深化。

2.专业课教师树立"立德为先"的价值观

在地方高等院校"课程思政"建设中，专业课教师是实施的关键主体。然而，部分专业课教师因未能准确把握育人重点，导致了重"才"轻"德"的倾向。这种现象在很大程度上反映了部分教师自身道德修养的欠缺。因此，专业课教师必须加强道德修养建设，树立"立德为先"的价值观。价值观是个体生活中的重要组成部分，对个人成长和社会进步有着不可替代的作用。无论在哪个时代、哪种社会背景下，人们的生活都离不开价值观的指引。价值观无形中影响着人们的思维方式、价值判断、选择和行动。每个人的行为偏好及其对事物重要性的认识和评价，都直接反映了他的价值观。从深层次来看，个体的价值判断、行为规范及生活方式，都是由其内在的价值观所决定的。因此，对于地方高等院校的专业课教师而言，其价值观对其教学行为具有显著的导向作用，是他们在社会生活中作出正确决策的精神支柱和内在驱动力。

新时代背景下，追求"立德为先"的价值观是对地方高等院校教师的基本要求。当前，我们正处在中国特色社会主义的新时代，地方高等院校的教师肩负着为国家现代化建设培养优秀人才的重要使命。面对复杂的国际环境和国内发展目标，教师们不仅要应对西方思潮的影响，还要服务于"两个一百年"奋斗目标的实现。这意味着需要培养出一批批既有深厚专业知识，又能坚守社会主义方向、适应时代需求的优秀教师。教育事业与人才的培养密切相关，没有高质量的教育，就没有高素质的人才，也就难以实现国家的发展目标。因此，地方高等院校"课程思政"建设的核心目标之一就是动员一切可利用的资源，致力于立德树人，提高育人工作的效果。长期的教学实践表明，为了确保"课程思政"建设的有效推进，必须重视教师队伍的建设，特别是要引导专业课教师树立正确的价值观，提升他们的道德水平。专业课教师的道德素质不仅直接影响"课程思政"的实施效果，还关乎未来人才的质量，是地方高校实现高质量教育和人才培养目标的关键所在。总的来说，"两个一百年"目标的实现需要人才，"人才需要教育，教育需要教师，教师需要修养。"①

"立德为先"的价值观是"课程思政"对教师提出的要求。追求"立德为先"的价值观是地方高校教师职业劳动的需要。古往今来，教书育人是教师的神圣职责所在。从这一意义上来说，教师劳动与其他劳动是有明显差异的。教师劳动是以合格人才为产品

---

① 赵光敏,蒋笃运.教师道德[M].开封:河南大学出版社,1989:215.

的一种特殊劳动，在这一过程中，教师将人作为自身的劳动对象，通过传递知识信息对人进行培养和塑造。不容忽视的是，教师的品德、个性和才能是学生产生感染力和影响力的劳动资料。换句话说，教师以知识和品德等两方面的劳动资料来对学生施加教育和影响。因此，教师的道德品质是衡量教育效果的一个重要标尺。大学生正处于人格的塑造阶段，地方高校教师的道德修养将对他们品德的形成、心灵的塑造产生直接影响，不但能够影响大学生在校阶段的行为与态度，而且能够影响他们以后的工作方式、工作态度等。在长期的教育教学过程中，由于部分专业课教师不注重自身道德修养的塑造，价值观不科学，从而导致学生从思想政治理论课获得的信息与专业课教师传递的信息不匹配，学生对是否应该"立德"产生了怀疑。专业课教师要明确德性对于大学教育的重要价值，自觉追求"立德为先"的价值观。追求"立德为先"的价值观是高等院校教师自我完善的需要。人们从事任何一项职业活动都包含两个维度的目的：一是为人民服务，二是促进自身的完善。一个人良好道德品质的形成不只受学校、社会和家庭的影响，还要依靠职业活动的塑造。地方高校教师亦是如此。他们良好道德品质的形成离不开在教育教学实践中的自我学习、锻炼和升华。实践证明，地方高校教师只有树立"立德为先"的价值观，才能在职业实践活动中积极进取，有所建树，真正完成教育育人的神圣职责。与其他教师相比，地方高校教师具有自身的特殊性，他们是否具备高尚的师德直接关系到院校立德树人的成效。由于某些原因，部分专业课教师没有意识到"立德为先"的重要性，教育思想出现了偏差，只一味地追求知识和技能的培养，而不注重对学生进行德性教育，大大影响了"课程思政"的实施效果。毋庸置疑的是，"课程思政"为专业课教师追求"立德为先"的价值观提供了新理念，如果专业课教师能够意识到这一点，不仅能够促进自身的自我完善，而且能够推动"课程思政"沿着良好的方向发展。

《资治通鉴》有言："才者，德之资也；德者，才之帅也。"这句话对德与才二者之间的关系进行了精辟的阐述，主张将"人的道德置于才华的统帅位置。"[①] 从古至今，中华民族始终重视道德对个人乃至人类社会发展的重要作用，道德一直在个体的所有素质中居于首要位置。作为独特的个体，专业课教师要想为"课程思政"建设贡献一己之力，就一定要树立"立德为先"的价值观，将是否具有德性当作评判自身是否是一名合格教师的根本。每个个体若要在社会中生存，都离不开德性的支撑。追求"立德为先"的价值观是专业课教师作为地方高校教师的应有之义。"课程思政"建设的本质在于将价值

---

① 陈吉鄂. 思想政治理论课教师践行"四个统一"师德观研究 [D]. 长春：吉林大学,2018.

观教育寓于知识传授和能力培养之中，专业课教师不仅要引导学生学习科学文化知识，为学生提供理论上的指导，更要从思想上引领学生，引导他们在奉献祖国的进程中成为一名合格的社会主义事业建设者和接班人。促进学生的全面发展是每位高等院校教师的责任所在，学生"全面发展"的内涵是十分丰富的，并不局限于其技能和特征的完善，而是要达到一种诸多素质内在和谐共生的状态，这种和谐共生的状态是由道德主导的，是"全面且不偏重、和谐且相互提升的状态。"①

在以往的教育教学过程中，部分专业课教师存在一种误区，即教会学生专业知识和技能就可以了，其他事情与自身无关。但是，"课程思政"要求专业课教师在做好"授业、解惑"的同时，还要进行"传道"，"传道"是第一位的，传道者自身需要明道，专业课教师对学生德性的影响并不是通过一些刻意的教学形式来实现的，更多的是通过自身的言行举止对学生产生潜移默化的影响。为了扭转部分专业课教师重"才"不重"德"的局面，专业课教师必须追求"立德为先"价值观，立志成为一名具有良好德性的教师。

3. 专业课程凸显科学的价值取向

专业课程是地方院校"课程思政"建设的载体，育人功能是各门各类课程的固有功能，课程本身还具有重要价值。一般认为，课程价值问题滥觞于斯宾塞关于"什么知识最有价值"的探讨。进入 20 世纪，阿普尔提出了"谁的知识最有价值"的新论断，这一论断对"什么知识最有价值"辩题进行了超克，使课程抉择突破了课程自身属性的限制，不再拘泥于价值客体，由价值客体转向了价值主体，即课程"对谁有价值"，在此基础上形成了"个体本位"与"社会本位"两种价值维度。"个体本位"认为，课程价值具有"'知'与'行'、'德'与'才'、'知识'与'信念'、'知识'与'能力'"的差异；②"社会本位"将课程价值的内涵拓宽到国家的政治、经济、文化等领域，认为课程价值应包括政治认同、经济增长、文化传承和民族振兴等方面。

个人价值与社会价值相统一是"课程思政"的价值取向，在个人价值维度上，"课程思政"十分注重对大学生主体意识的培养，但是，这种主体意识是有条件的，不是任意妄为的。"课程思政"为大学生实现知行转化创造了条件，即教育大学生运用科学的价值观分析、解决学习和工作生活中遇到的困难和挑战，久而久之，引导他们将其看作日常生活不可缺少的一部分；"课程思政"为大学生形成德才兼备的个体提供了可能，即将德置于重要位置，引导大学生在正确的轨道上施展自身的才，德与才是相辅相成的，

① 陈吉鄂. 思想政治理论课教师践行"四个统一"师德观研究 [D]. 长春：吉林大学,2018.
② 伍醒，顾建民."课程思政"理念的历史逻辑、制度诉求与行动路向 [J]. 大学教育科学,2019(3)：54-60.

有才无德、有德无才都是不可取的。在社会价值维度上，"课程思政"以提升大学生的政治认同度和文化认同感为重要目标。也就是说，"课程思政"不仅对大学生成长成才具有重要意义，而且还要引导大学生形成为人类幸福而奋斗的思想，行为符合社会主流价值观，继承和弘扬中华优秀传统文化，使其为民族振兴贡献青春力量。个人价值与社会价值相统一，切切实实地落实了立德树人的本质内涵，一方面推动了我国立德修身教育传统的传承和弘扬；另一方面推动了社会主义核心价值观对国家、社会、个人的整合。

在"课程思政"改革提出之前，地方高等院校的专业课程在个人价值与社会价值教育方面普遍存在着一种误区，即过于强调知识的传授，让学生知道和了解了某些信息，却忽视了引导学生深刻理解这些知识的意义、体会其中蕴含的价值，以及如何将这些知识应用于社会实践中。这种教学方式导致了一些大学生对知识传授与价值引领的结合缺乏认同感，即所谓的"不买单"现象。因此，在"课程思政"建设的过程中，专业课程应当坚持个人价值与社会价值相统一的原则，致力于帮助学生建立科学的价值观，使其不仅能掌握专业知识，更能将个人发展与社会需求相结合，为社会作出贡献。

同时，思想政治理论课与"课程思政"在价值导向上具有一致性，二者相辅相成。鉴于地方高校在通过专业课程进行个人价值与社会价值教育方面的实践时间较短，经验尚显不足，往往在具体实施过程中遇到诸多困难和挑战。因此，思想政治理论课应当充分发挥其优势，为"课程思政"的建设提供理论支持和实践经验，两者协同努力，共同促进学生全面成长。例如，可以通过联合开设专题讲座、组织跨学科研讨等方式，增强专业课程与思想政治理论课之间的互动与融合，使学生在专业知识学习的同时，受到更为系统和深入的思想政治教育，从而更好地实现个人价值与社会价值的统一。

第三章 地方高校思政课教学改革及其对思政教育工作的积极作用

高校是培养社会主义合格建设者和接班人的核心阵地，思政教育的重要性不言而喻。思政理论课是对大学生进行思想政治教育的主渠道、主阵地，因此，促进高校思政课教学改革，对树立大学生正确的世界观、人生观、价值观有着不可替代的作用，推进高校思政教育的发展，是一个亟待解决的重大现实课题。

一、思政课教改对地方高校思政教育的积极作用

（一）地方高校思政教育的现状

高校的思想政治教育能够有效提升大学生的思想素质、政治素质、道德素质和法律素质，是引导学生树立正确世界观、人生观、价值观的关键渠道，对于推动我国教育事业的健康发展具有重要意义。然而，当前地方高校在思政教育工作中仍面临不少挑战，其中最为突出的问题包括思政课程的教学效果不佳、辅导员在思政教育中的作用不够突出和校内外思政教育资源缺乏系统性和整体性。这些问题不仅影响了思政教育的实际成效，也在一定程度上制约了学生全面发展。因此，地方高校亟需采取有效措施，改进思政课程的教学方法，增强其吸引力和实效性，同时强化辅导员的思政教育职责，充分发挥他们在学生日常管理和思想引导中的重要作用，共同促进学生的健康成长和全面发展。

1. 思政课教学实效性较弱

思政课是我国高校学生必修的课程，是大学生接受思想政治教育的重要途径，对在校学习及未来发展具有重要意义。然而，许多大学生对思政课的认识存在偏差，认为思政课不过是"死记硬背"、"政治"和"考试"的代名词，与他们的现实生活关联不大，内容枯燥乏味，缺乏实用价值。这种固化的认知导致他们在心理上排斥思政课，在思政课睡觉、玩手机或聊天，认为这门课无须认真听讲，期末只需临时抱佛脚，甚至在开卷考试时直接"裸考"，抱着"六十分万岁"的心态。受这些错误观念的影响，部分学生认为思政课毫无意义，甚至质疑高校开设思政课程的必要性。这种思想上的不重视，导致思政课普遍出现旷课、迟到早退的现象，思政课的到课率和听课率均较低。当然，也有部分学生认为思政课是有用的，与前者形成了鲜明对比的"有用论"。近年来，随着就业压力的增大，许多学生选择考研以提升自己的竞争力，思政课对他们来说具有重要的备考价值。此外，准备公务员考试和事业单位考试的学生也认为思政课很有帮助。然而，这些学生认为思政课有用，主要是出于功利性的考虑，并未真正认识到思政课的教育意义，没有将其视为提升人生境界和获得人生意义的课程。实际上，思政课对学生人生的影响是深远而持久的，虽然短期内可能不那么明显，但它在潜移默化中塑造着学生的价值观、世界观和人生观。这种影响是无形的、长远的，需要时间和积累才能显现出来。因此，大学生应该改变对思政课的固有观念，更加全面和系统地理解思政课的教育意义。地方高校也应该采取有效措施，改善思政课的教学质量和学生的学习态度，通过丰富教学内容、创新教学方法、加强师生互动等方式，提高思政课的吸引力和实效性，真正发挥思政课在立德树人中的重要作用。

2. 辅导员思政教育职责弱化

辅导员是高校教师队伍和管理队伍的重要组成部分，具有教师和干部的双重身份，是开展大学生思想政治教育的骨干力量，是高校学生日常思想政治教育和管理工作的组织者、实施者和指导者，既应该成为学生的人生导师，也应该成为学生健康成长的知心朋友，辅导员在学生大学生活里扮演着各种不同的角色、承担着不可替代的作用。相对于以往高校辅导员只负责大学生思政教育的职责而言，如今的辅导员工作职责发生了一些变化，他们的工作范围更广泛，是一个集多种身份于一身、多项工作职责于一体的群体。他们不仅要承担大学生思政教育工作，还要负责学生日常事务管理工作。虽然辅导员工作职责更加多样化，但是开展大学生日常思政教育工作仍然应是辅导员的主要职责，应在辅导员工作职责中居于首要地位。大学生正处于他们人生当中动荡的阶段，是他们确立科学的理想，树立正确的世界观、人生观、价值观，提高思想道德素质和法律素质，提升人生境界，完善人格的至关重要的阶段，是他们生命中重要的转折阶段，他们将完成从幼稚到成熟、从依赖性强到独立的蜕变。在这个重要的发展时期，作为大学生人生导师和知心朋友的辅导员起着至关重要的作用，他们能在思想上政治上行动上启迪大学生，帮助大学生提升明辨是非的能力。但是，现实往往不尽如人意，奋斗在高校第一线的辅导员对学生影响力是有限的，不能充分了解学生的思想政治状况，无法对学生进行有针对性的思政教育。辅导员更多地把工作重心放在学生日常事务的管理、活动的开展等，甚至有些辅导员认为只要学生不出安全问题就足够了，辅导员思政教育的工作职责体现不明显，存在一定程度上的弱化。

3.校内外思政教育资源缺乏系统性和整体性

地方高校在思政教育资源的配置和利用方面存在显著的不足，特别是校内外思政教育资源缺乏系统性和整体性，严重影响了思政教育的效果和质量。首先，校内思政教育资源的系统性问题主要表现在课程设置不系统、教学资源分散和师资力量薄弱三个方面。课程内容重复是一个常见问题，部分地方高校的思政课程设置存在大量重复内容，不同课程之间缺乏有机联系，导致学生在学习过程中感到内容冗余，课程缺乏新鲜感和吸引力。此外，思政课程之间的衔接不畅也是一个不容忽视的问题，不同年级、不同专业的思政课程之间缺乏递进性和层次性，学生在学习过程中难以形成系统的知识体系。课程内容更新缓慢也是影响教学质量的一个重要因素，思政课程内容更新不及时，未能反映社会发展的新变化和新要求，导致课程内容与学生的实际需求脱节。教学资源的分散进一步加剧了这一问题，思政课程的教材选择较为单一，缺乏多样性和灵活性，不能满足不同学生的学习需求。同时，部分高校缺乏丰富的教学资料和辅助资源，如案例库、多媒体教学资源等，影响了教学的多样性和生动性。线上教学平台和资源库建设不足，学生无法随时随地获取高质量的思政教育资源，限制了自主学习的空间。师资力量薄弱也是校内思政教育资源缺乏系统性的重要原因之一，部分思政课教师的专业背景和教学能力参差不齐，缺乏系统的培训和持续的专业发展机会，难以满足高质量教学的需求。传统的讲授式教学方法仍占主导，缺乏互动性和实践性，不能充分调动学生的积极性和参与度。此外，部分思政课教师的科研能力不足，缺乏对思政教育前沿理论和实践的深入研究，影响了教学内容的创新和更新。

校外思政教育资源缺乏整体性的问题同样不容忽视，主要体现在社会资源利用不足、校际资源共享不足和网络资源利用不充分三个方面。社会资源利用不足表现为高校与企业的合作不够紧密，未能充分利用企业的实践资源和行业专家的经验，影响了思政教育的实践性和应用性。高校与社区的合作不足，未能有效利用社区的文化资源和志愿服务机会，影响了学生的社会实践能力和社会责任感的培养。高校与政府机构的合作不够深入，未能充分利用政府的政策资源和公共服务资源，影响了思政教育的社会影响力和服务能力。校际资源共享不足也是校外思政教育资源缺乏整体性的一个重要原因，地方高校之间的合作机制不健全，缺乏有效的资源共享平台和合作机制，影响了优质思政教育资源的流动和共享。不同地区高校之间的合作不足，未能形成区域性的思政教育资源共享网络，影响了思政教育的区域协调发展。地方高校与国际高校的交流与合作有限，未能引进国际先进的思政教育理念和方法，影响了思政教育的国际化水平。网络资源利用不充分也是校外思政教育资源缺乏整体性的一个重要表现，部分地方高校的网络平台建设滞后，缺乏高质量的在线思政教育资源和互动平台，影响了学生的自主学习和在线交流。网络上的思政教育资源质量参差不齐，缺乏权威性和系统性，学生难以从中获取高质量的信息和知识。部分学生和教师的网络安全意识不足，缺乏对网络信息的甄别和筛选能力，容易受到不良信息的影响。

地方高校思政课程的教学效果不佳、辅导员在思政教育中的作用不够突出和校内外思政教育资源缺乏系统性和整体性等问题的存在，使得高校思想政治教育工作存在许多问题，思政教育效果不理想。

（二）地方高校思政教育存在问题的原因

目前思政教育依然存在许多问题，要想促进地方高校思政教育的发展，必须积极探究这些问题的原因。

1. 思政课教学实效性较弱的原因

高校思政课存在低效教学现状，其原因可以从客观和主观两个方面进行分析。在客观方面，主要包括思政课教学内容理论性强、教学组织形式的局限性以及社会环境的影响等；在主观方面，则涉及当代大学生主观意识的变化和思政课教师自身的不足。

恩格斯曾指出："当我们深思熟虑地考察自然界或人类历史时，首先呈现在我们眼前的，是一幅种种联系和相互作用交织起来的画面，其中没有任何东西是不动的和不变的，而是一切都在运动、变化、生成和消逝。"这一观点同样适用于社会历史的发展。新中国成立初期，我国实行计划经济，个人的独立性相对有限。随着市场经济的发展，我国在经济、政治、文化和社会等各个领域取得了显著成就。然而，市场经济是一种以利益为导向的经济模式，这导致个体更加注重个人利益，甚至出现了严重的功利主义现象。

科技进步拓宽了大学生接收外界信息的渠道，使他们在无形中受到了功利主义思想的"熏陶"，陷入了功利主义的漩涡。在这种背景下，大学生在看待问题和作出选择时，往往从自身利益出发，追求"如何给自己带来最大的好处"，有时甚至忽视了应坚守的信念和价值标准。当代大学生的这一新特点给高校思政教育带来了不小的挑战。

在地方高校，思政课教学大多采用大班授课的形式。这种教学方式在一定程度上可以节约成本、实现资源共享，也能减轻思政教师的负担。然而，大班授课也存在明显的局限性。首先，大班上课学生人数众多，师生互动难以有效实施。思政课的教学目的与一般专业课不同，更注重对学生思想上的潜移默化教育。但在大班授课中，由于学生人数众多，能够参与师生互动的范围有限，互动效果不明显，难以激发学生的学习积极性，从而大大降低了教学效果。其次，大班授课往往带来课堂纪律不理想的问题。一位教师面对上百名学生，维持课堂纪律的难度较大，这不仅影响了教师的教学积极性，还可能导致教师只注重完成教学任务，而不注重提高教学实效性。总之，大班授课这种教学组织形式在一定程度上降低了教师和学生的学习积极性，影响了教学效果。

2. 辅导员思政教育职责弱化的原因

第一，辅导员工作繁杂。当前，地方高校的辅导员具有教师和干部的双重身份，既要负责学生的日常思想政治教育，又要处理学生的日常事务管理。辅导员的工作内容涉及方方面面，从学生的学习到生活，从学业指导到心理健康，再到安全问题，辅导员都承担着重要的职责。此外，学校还会给辅导员安排各种额外的工作，如组织各类活动、举办比赛等。这些繁杂的工作占据了辅导员的大部分时间和精力，导致他们没有足够的时间和精力专注于思想政治教育工作。在地方高校，每一位辅导员通常要面对大量的学生，尤其是在高校扩招后，学生人数的增加带来了更多的问题，包括学习、生活、就业、情感、人际交往等方面的问题。这些问题的增多使得辅导员的工作更加艰巨，难以做到为每一位学生排忧解难，从而无形中削弱了辅导员在思想政治教育中的职责和作用。

第二，辅导员专业意识不足。对于每一位大学生而言，在大学里接触最多的教师就是奋战在一线的辅导员，辅导员能及时掌握学生思想动态，了解学生的需求，最能贴近学生，对大学生的健康成长至关重要，因此，必须充分发挥辅导员思想政治教育工作的主体作用。辅导员应该抓住每一个机会对大学生的思想政治教育，应该做到每时每刻都充分把握机会，比如在开展活动的过程中、开会时都可以将思想政治教育工作渗透其中。但是，目前辅导员在思想政治教育上普遍表现出专业意识不强的现象，只注重完成学校布置的各项事务性工作，忽视思想政治教育工作，不能做到时时、事事对学生进行思政教育。有些辅导员对思想政治教育工作的理念不够清晰，对思政教育工作的方法也不能熟练掌握，缺乏足够的能力帮助学生解决各种问题。

3. 校内外思政教育资源缺乏系统性和整体性的原因

目前，地方高校存在治理结构和运行机制的不完善、教育评价改革的滞后、课程体系建设的不足、教师专业素养与教学模式的落后、资源配置的不均衡、政策导向与实践应用的脱节、地域文化资源开发与利用的不足、教育体系结构的不合理、改革发展需求与理论支撑的不平衡以及课程思政建设的碎片化等方面问题。这些问题共同作用，导致地方高校在整合校内外资源形成协同育人合力、构建科学合理的思政教育体系、提升思政教育的实效性和吸引力等方面存在困难。例如，治理结构和运行机制的不完善导致校内外资源的协同联动不足；教育评价改革的滞后缺乏科学的评价机制来引导和激励校内外思政教育资源的整合和系统性建设；地域文化资源开发与利用的不足导致校内外思政教育资源缺乏特色；课程思政建设的碎片化导致课程思政建设进展缓慢，影响了课程思政建设的整体成效。

（三）思政课教改对地方高校思政教育的积极作用

思政理论课是大学生接受马克思主义理论和思想政治教育的主渠道，它在高校里发挥着十分重要的作用，但是地方思政课教学仍然存在教学方法单一、评价片面等一些问题，发现这些问题并寻找解决办法促进思政课教学改革迫在眉睫。

1. 有助于营造思政教育校园文化氛围

学校是培养现代化人才的主要场所，也是对其进行系统的思想政治教育的重要战场。校园文化是全校师生共同遵守的价值取向、基本信念、行为规范，它是在长期的办学活动中形成的，是一种特殊的社会文化，具有育人功能，对大学生思想道德观念的形成起着不可忽视的重要作用。不同学校形成不同的校园文化，良好的校园文化能够对大学生起到好的教育作用，是对大学生进行思政教育的重要途径。教学环境是教学的软环境，对学生的学习状态产生会产生间接的影响，同时，除了教师的教学状态、学生的学习状态，还有校园文化都可以体现学校的水平。因此，地方高校要大力倡导先进思想，把思政课的教学目标、教学效果融入校园文化，促进良好校园文化的形成。思政课是良好校风形成的重要渠道之一，思政课可以帮助大学生掌握马克思主义理论知识，确立崇高理想，树立正确的世界观、人生观、价值观，提高思想道德素质和法律素质。大学生是高校校园文化形成的主体，具有良好思想道德的大学生有助于良好校风的形成，而良好的校风也能无形当中对学生起到教育的作用。因此，积极促进思政课教学改革，提高思政课实效性，优化校园文化，培育德才兼备的大学生至关重要。

2. 帮助地方高校学生树立正确的价值观

随着经济全球化的发展，文化全球化也成为了发展的不可逆转的趋势。在文化全球化的发展进程中，不同民族、不同国家文化相互吸收、相互借鉴也成为了世界文化发展的趋势，但是，不同文化的相互碰撞也是一个不可忽视的问题。在我们吸收人类优秀文明成果的同时，必须明白事物是一分为二的道理，文化全球化是一把双刃剑，它也会带来西方腐朽的思想，直接冲击人们的思想，特别是大学生，他们处于人生当中从幼稚到成熟的重要的转折期，判断是非的能力有待提高，很容易受到西方腐朽思想的影响，盲目崇拜西方的个人功利主义。随着科学技术的快速发展，网络也迅猛发展，现在几乎每个大学生手里都有一部手机，他们可以随时随地接收来自网络的任何信息。来自网络的各种信息当中掺杂了许多负面信息，时时刻刻都可能威胁着大学生的思想，不利于大学生形成正确的思想。面对这种状况，地方高校思政课将肩负着更加重要的责任，既要直接帮助大学生筛选出负面信息，也要帮助大学生提高判断是非的能力，帮助大学生形成正确的思想。因此，促进地方高校思政课改革对帮助大学生树立正确的价值观念的意义不言而喻。

3. 进一步加强地方高校师资队伍建设

加强思政课改革，提高思政课实效性，促进地方高校思想政治教育的发展，关键在于思政教师队伍的建设。教师是教学过程中的主要实施者，是推动教育事业发展的生力军，全面提高思政课教师的综合素质，打造高质量的教师人才队伍至关重要。地方高校思政理论课教师必须具备过硬的思想政治素质，应该有坚定的政治立场，有科学的世界观，有深厚扎实的理论素质，必须增强社会责任感、提高思想道德素质，努力提高科研能力和教学水平，要真正做到真信、真学、真懂、真用。如果一个教师都做不到这四个"真"，何谈让学生做到这四个"真"。当前地方高校思政课教师综合素质能满足思政课需要，但是仍然存在一些问题。第一，部分教师专业理论素养不高。有些教师平时不注重专业学习和学术研究，专业理论素养难以提高，有些教师学的是法学等其他专业，他们研究的领域和专业方向与马克思主义理论学科的联系并不是很紧密，对教学内容的理解受限。第二，有些教师缺乏人格魅力。思政课教师除了要在课堂上以渊博的知识引导学生学习，更需要课堂内外以自身的人格魅力影响学生。人格力量既是教师综合素养的体现，也是一种具有强大力量的教育途径和手段，因此，思政教师必须提升自己的人格魅力。教师是思政课教学改革的主要力量，必须加强思政教师队伍建设，促进地方高校思政教育事业的发展。

思政课是对学生进行思想政治教育的主课堂，在地方高校思政教育事业中占据着主导性的作用，因此，不断促进思政课教学改革，提高思政课的实效性对培养德智体美劳全面发展的社会主义合格建设者和接班人、对地方高校思政教育事业的蓬勃发展至关重要。

二、地方高校思政课课改与提高大学生学习自主性

思想政治理论课是引导当代大学生坚定中国特色社会主义理想信念的主课堂、主渠道。结合高校学生学情特点，突破传统的教育方式，通过科学定位学科价值、改善落后教学方法、营造积极学习氛围实现高校学生学习思想政治理论课的自主性，有利于助推思政课教育。本文以高校为例展开阐述。

思政理论课是高校意识形态领域的重要阵地，是落实立德树人根本任务的主干渠道，是进行社会主义核心价值观教育、帮助大学生树立正确世界观、人生观、价值观的核心课程。办好思政课事关意识形态工作大局，事关中国特色社会主义事业后继有人，事关实现中华民族伟大复兴的中国梦。随着我国改革开放的全方位开展，在高校校园不断涌入各种思潮，生活方式、价值观念呈现多元化态势，以"课堂为中心""注入式"的传统教学方法无法实现高校希望通过思想政治理论课来加强思想政治理论教育的要求，增强学生学习自主性是对传统思想政治理论课教学模式的突破，培养大学生思想理论学习的自主性，是提高高校思政课实效性的重要途径。

（一）地方高校思想政治理论课与学生学习自主性

学习自主性是学生对自己的学习作出有见解的决策的一种能力，这种能力需要学习者在学习过程中自我反思或者在老师的帮助下获得。当代大学生思想开放，善于思考，充满个性，提高学生学习自主性有利于实现高校思想政治理论课立德树人的目标。

1.学习自主性的内涵

（1）处于自主学习的状态

自主的学习态度是提高大学生思想政治理论课学习自主性的首要条件，具体表现为三个方面：一是对思想政治理论课学习的认同感。思想政治理论课是帮助学生树立正确的世界观、人生观、价值观，加强思想修养，提高道德水平的课程，对大学生正确认识社会、正确认识他人及自身具有重要意义。大学生应充分认识到思想政治理论学习对自身成长成才的重要引导作用，树立正确的学习动机，感受人文知识的博大精深和真理魅

力，从而真正产生对思想政治理论课的认同感。二是对思想政治理论课学习的良好兴趣。兴趣是最好的老师，在认同感的基础上，学生有倾向于认知、研究思想政治理论的心理并产生内在的学习力量，持续地专心致志地钻研思想政治理论，从而提高学习的效果。三是对思想政治理论课学习的持久性。思想政治理论课涉及多方面多角度的内容，随着社会不断的发展变化，思想政治理论研究的宽度和广度也在不断地更新充实，这需要大学生能够在校园课堂内积极主动承担学习责任，在课堂外关注时事，并逐渐形成持久学习的学习习惯。

（2）拥有自主学习的技能

自主学习是一种能动的学习。大学阶段，知识的广度和深度大大增加，自由支配的学习时间增多，这要求学生拥有自主学习的技能。在思想政治理论学习中，自主学习的技能是要求大学生自觉适应思想政治理论学科的要求。大学生应该结合思想政治理论课的要求，自主选择学习的内容，充分利用思想政治理论的学习平台，汲取思想政治理论知识，举一反三，触类旁通，注重对知识的拓展和领悟。同时自主制定学习的计划，在学习的目标、学习内容、学习方法和进度安排等方面进行详细有序的规划，以获得最佳的学习效果。

（3）承担自主学习的责任

学习的过程是教育者和被教育者相互配合、共同完成的过程，在自主学习的过程中不仅要重视学习者的主体地位，而且学习者还应承担自主学习的责任。赋予学习者责任是促进学生学习自主性的关键。

（4）决定自主学习的方向

思想政治理论课的主要内容非常丰富，包括世界观、人生观、价值观及道德修养，同时又包括我党治国理政的最新理论，这些内容具有非常强的探讨性。传统的思想政治理论课学生以被动接受为主，缺乏对学习内容的主动思考和反思，达到的效果往往不理想。在思想政治理论课教学过程中引导帮助学生自主学习的方向，创造一种自由宽松的教学环境，理解学生，尊重学生，给予学生充分的学习空间是突破传统授课模式的有效途径。

2. 学习自主性缺失的主要原因

一切物的要素在教育中都是处于第二位、是可分、可代替的，唯有人的要素在教育中是处于主导地位的，是不可分的、不可替换的，学习自主性与个人的思维活动和心理行为有着密切的联系，其程度大小受学习动机、学习态度等多种主观原因的影响。同时，学习自主性也是一种个人心理行为，会受到学习环境、学习任务等客观因素的制约。在地方高校的思想政治理论课学习中，大学生学习自主性的缺失不仅有主观方面的原因，也有客观方面的原因。

（1）地方高校思想政治理论课课程定位模糊，淡化了学生的学习自主性

在地方高校的思想政治理论教育领域，无论是教育者还是受教育者，对于此类课程的价值与定位都存在一定的认知偏差。一方面，地方高校的学生普遍面临文化基础知识薄弱的问题，特别是在理论知识的理解与应用方面较为肤浅，缺乏深入的理性思考与批判性思维能力。这种现状导致了学生们对思想政治理论课程的兴趣不高，甚至产生了一定程度上的抵触情绪，认为这些课程内容过于抽象、难以理解且缺乏吸引力。

另一方面，由于受到专业学科的影响，多数地方高校的学生倾向于认为专业知识才是最直接且实用的知识来源，因此往往忽视了思想政治理论课程的学习价值，认为其在实际生活与职业发展中作用有限。然而，思想政治理论课程作为高等教育体系中的重要组成部分，不仅承载着培养学生的道德品质、社会责任感及国家意识等多方面的任务，还具有独特的学术性和实践性。它与其他专业课程相比，更加强调理论联系实际，旨在通过分析社会现象、探讨社会发展规律，帮助学生建立正确的世界观、人生观和价值观。

（2）地方高校思想政治理论课教育方式局限，限制了学生的学习自主性

首先，从教学内容的角度来看，地方高校的思想政治理论课程之间存在内容重复的现象，这不仅容易导致学生产生厌倦感，也浪费了宝贵的教育资源。部分课程内容未能及时更新，与当代社会的发展趋势脱节，无法有效激发学生的学习兴趣和探索欲望。此外，教学计划的设计往往未能充分考虑到学生的认知水平和接受能力，导致教学活动难以达到预期的效果。其次，教学方法的落后同样是一个不容忽视的问题。正如怀特海在其著作《教育的目的》中所强调的，"填鸭式的知识灌输、僵化的思维方式不仅无益于教育，反而可能带来负面的影响——最令人痛心的是，最美好的事物受到了损害。"地方高校的思想政治理论教学长期侧重于理论讲授而忽视实践体验，强调教师单向度的信息传递而非师生间的互动交流，注重学分考试的成绩而非学习过程的质量。这种偏向不仅限制了学生自主学习的能力，也不利于培养学生的创新思维和社会责任感。最后，从考核方式上看，目前地方高校思想政治理论课程主要依赖于单一的笔试成绩作为评价标准，这种方法难以全面准确地反映学生的思想政治素养和道德水平。过分重视考试结果而非学习过程，不仅削弱了学生的学习动力，也使得评价体系显得片面和单一。

（3）地方高校思想政治理论课学习环境复杂，弱化了学生的学习自主性

在地方高校中，思想政治理论课的学习环境呈现出复杂多变的特点，这对学生的学习自主性构成了挑战。随着我国改革开放进程的不断深化，各种理论思潮、生活方式和价值观念纷纷涌现，中国的思想文化领域呈现出多元化发展的态势。在这种背景下，许多流行于高校的社会思潮与思想政治理论课程的学习氛围存在冲突，从而在一定程度上削弱了学生对这类课程的学习积极性和自主性。一是功利主义的影响尤为显著。随着市场经济体制的不断完善以及就业市场的竞争日益激烈，高校学生在学习态度上表现出明显的实用主义倾向。许多学生将注意力集中在那些能够迅速转化为职业技能的专业知识和技术培训上，认为这些是未来求职和职业发展的关键。相比之下，他们往往认为思想政治理论课程的内容与个人的职业规划和发展前景关联不大，甚至认为这些课程的学习对于实现个人目标没有直接的帮助，因此对其投入的时间和精力较少。二是享乐主义的态度也在一定程度上影响了学生的学习动力。对于刚从紧张的高中学习环境中解脱出来的大学生来说，大学生活似乎提供了一个放松和享受的机会。部分学生可能错误地认为，高考之后的学习负担已经减轻，大学阶段的主要任务不再是学习，而是享受丰富多彩的校园生活。这种心态不仅不利于学生形成良好的学习习惯，也可能导致他们在思想政治理论课程的学习上缺乏足够的重视和投入。

（二）地方高校思政理论课需要提高学生学习自主性

学习自主性的内涵丰富有其自身的特点，学生学习的自主性是一种承担自身学习责任的能力，这种能力有待开发。分析现代高校学生的学情特点及地方高校思想政治理论课的授课现状，结合《普通高校思想政治理论课建设体系创新计划》，在思想政治理论课的教学过程中可以采用以下一些切实可行的方法。

1. 地方高校思政理论课教育者要正确认知思政理论课的学科价值

在地方高校中，思想政治理论课是进行大学生思想理论教育的核心渠道。根据课程性质的不同，这类课程可归类为德育课程，其核心任务在于培养学生的高尚品德和坚定的政治立场，对于中国特色社会主义事业的建设者和接班人的培养具有至关重要的作用。依据课程活动的特点来看，思想政治理论课又属于理论课程范畴，其主要内容旨在解决大学生成长过程中普遍面临的实际问题，促进学生的全面发展和健康成长。学生对学科的最直接认知来源于教师对学科的认知，高校从事思想政治理论教育工作者应当对学科有正确的认知，深入的研究，不断加强专业学习，夯实理论功底。时刻保持较高的政治觉悟，努力学习并贯彻党的十八大、十九大、二十大的精神和习近平总书记的一系列讲话，不断提升理论水平和政治素养。将习近平总书记中国梦思想、社会主义核心价值观、中国特色社会主义法治理论、"四个全面"等最新的理论成果融入教学，引导学生用理论知识正确、客观地分析、看待、解决现实的社会问题。

2. 地方高校思政教育者引导高校学生正确认识思政理论课的学科价值

教育者一方面应向学生强调学习思想政治理论课的必要性。大学阶段是个人成长和发展的关键时期，学生需要在这段时间内学会如何做人，如何处理理想与现实之间的关系，以及如何客观看待国家的发展现状。思想政治理论课涉及的内容广泛，与学生的学业、生活和未来职业生涯密切相关，是一门能够使学生终身受益的课程。另一方面，教育者应引导学生正确看待思想政治理论课的独特价值。与英语、计算机等专业课程强调的实用技能不同，思想政治理论课更注重培养学生的正确世界观、人生观、价值观和历史观，以及提升他们的思想道德修养。怀特海在《教育的目的》中也强调：我们的目标是要塑造既有广泛的文化修养又在某个特殊方面有专业知识的人才，他们的专业知识可以给他们进步、腾飞的基础，而他们所具有的广泛的文化，让他们既有哲学般深邃，又有艺术般高雅。

（三）改进教学，激发地方高校思想政治理论课教与学的积极性

传统的教学方法压制了学生学习思想政治理论课的自主性，只有不断改进教学方法，以学生为中心设计教学过程，才能更好地激发地方高校思想政治理论课教与学的积极性。

1. 创新教学方法

思想政治理论课的主要内容本身具有很强的探讨性，如爱情、金钱，人生意义等。如果用传统重灌输的教学方式不仅无法达到教学的效果，而且压制了学生学习的自主性。只有不断地创新教学方法才能提高学生学习的兴趣，提高学习的自主性。如以学生为中心运用小组讨论，整合教材，把教材分成不同的专题让学生讨论，通过引导学生自主思考、自由表达、自我反思来实现知识的内化。另外，采用和学生零距离的新媒体、微信、微博等网络工具对现实热点问题及时探讨，引导学生用理论知识来客观看待、分析、解决社会现实问题，让他们认识到学理论是有趣的有意义的。

2. 加强实践教育

实践是检验真理的唯一标准，任何理想和信念都要经得起实践的检验和时间的历练。加强思想政治理论课的实践教学，就是要把理论的"真、善、美"转化为实践中的科学、和谐、美好。积极开展实践教学，实现第一课堂和第二课堂相结合，走出课堂，走进生活，在学校，在宿舍，在社会开展多种社会实践活动，充分利用课外、暑期参加实践活动，在实践中领悟理论检验理论，通过不同形式的实践教育，让学生体味知识的魅力，从而激发学生学习思想政治理论的自主性。

3. 优化考核机制

思想政治理论课考核方式的单一化和非自主化严重影响了高校学生学习的自主性。思想政治教育是大学生知、情、意、行全面发展的过程，知情意行的不同内涵和多维度

是很难用单一的卷面考试体现出来，需要更全面和人性化的考核方式给予体现。采用随堂期末试卷（开卷）卷面成绩与平时考核、课外教学实践作业成绩相结合的考核方式。其中包括平时成绩（考勤、课堂表现）、课外实践作业成绩及期末考试成绩。通过考核机制的优化因材施教，促进学生学习思想政治理论课的自主性。

（四）优化环境，营造地方高校思想政治理论课的积极氛围

在地方高校中，面对多种社会思潮和多元文化的冲击，学生们往往难以正确认识我国社会发展的主流思想。为了应对这一挑战，需要全校不断营造思想政治理论的积极氛围。一是树立"大思政"理念，动员所有教师都成为思想政治理论的教育者。思想政治教育是对学生思想的引领，作为教育工作者，都有责任和义务树立立德树人的职业目标，通过潜移默化的引导，在全校范围内形成思想政治学习的氛围。二是以社会主义核心价值体系引领高校社会思潮。地方高校作为思想宣传的主要阵地，在面临多种社会思潮冲击的情况下，要毫不动摇地坚定马克思主义的指导地位，帮助大学生正确认识、区分各种社会思潮，自觉抵制错误思想，坚持用社会主义核心价值体系引领高校思潮。具体可以通过组织专题讲座和讨论会等形式，帮助学生深入学习和理解社会主义核心价值体系，包括马克思主义基本原理、中国特色社会主义理论以及社会主义核心价值观。这些活动不仅能够提高学生的理论素养，还能培养他们的批判思维能力，使他们在面对各种思潮时能够坚持正确的立场。

（五）提高学生学习自主性助推地方高校思政教育

《中共中央国务院关于进一步加强和改进大学生思想政治教育的意见》明确指出：加强和改进大学生思想政治教育的基本原则之一是坚持教育与自我教育相结合，既要充分发挥学校教师的教育引导作用，又要充分调动大学生的积极性和主动性，引导他们自我教育、自我管理、自我服务。[①] 思想政治理论课教育不是纯粹的知识教育，而是知识教育与思想教育相结合。这就要求我们在思想政治理论课的教学中，联系大学生的思想实际，联系改革开放和社会主义现代化建设的实际，把传授知识与思想教育结合起来，把理论武装与实践育人结合起来。要很好地体现思想政治理论教育的特点和顺应其培养目标，必须重视大学生思想政治理论课的自主学习。自主学习作为一种新的教育思想和素质教育具体化的理论框架，就一定意义上说，把握住了素质教育的实质和核心。

---

① 《中共中央国务院关于进一步加强和改进大学生思想政治教育的意见》[EB/OL]. 中国网 .2017-2-28. http://wmzh.china.com.cn/2017-02/28/content_9363288_2.htm.

引导地方高校学生在思想政治理论课中自主学习符合大学教育规律，有利于当代大学生运用理论知识分析、看待、解决现实社会中的问题，帮助学生树立正确的世界观、人生观、价值观，提高理论水平，增强道德修养；有利于培养学生的创新精神和创新能力，在思想政治理论体系下，众多的内容不再以"填鸭式"的方式灌输给学生，而是通过学生自主性地查阅资料，发散性的思考，鼓励学生多角度的看待问题，在学习中创新，在创新中提升；有利于掌握正确的学习方法，为实现终身学习打下基础。自主学习是一种能动的学习，通过合理确定学习的目标，科学安排学习的时间，正确掌握学习的方法，全面提高自主学习的能力，为终身学习打下基础。

三、地方高校思政理论课教改与大学生职业道德教育

思政理论课是大学生思想政治教育的主渠道，大学生职业道德教育作为思想政治理论课和日常思想政治教育的重要内容也是思想政治教育的重要渠道。思想政治理论课和职业道德教育，两者之间存在诸多的联系，给思想政治理论课教学和职业道德教育的开展提供了新的思路。

思政课教改致力于培养大学生的思想品德、塑造人格和引导社会实践，着眼于大学生人生观、世界观和价值观的形成和改造，通过内化和外化的教育方式，提升其思想政治素养，完善其社会人格。而职业道德教育指的则是以培养和提高学生的职业发展能力和道德素质为目标的一种教育实践活动。地方高校思想政治教育和职业道德教育，两者之间虽然存在一定的区别，但是同时也存在诸多联系，大学生职业道德素质直接影响学生未来职业理想的确立、职业取向的定位，关系到青年学生能否合理规划自己的人生目标，成为社会需要的优秀人才，从而获得事业的成功的关键因素。因此，积极实施思政课教改，对提升大学生职业道德教育的成效具有重要现实意义。

（一）基于大学生职业道德教育的思政课教改的必要性

1. 能够扩大职业道德教育的辐射度和受益面

职业道德教育不应当仅依托于职业指导的课程中，或是仅针对即将走上就业岗位的毕业班学生，而应当渗透于大学教学过程的各个阶段，但从目前我国大学生职业道德教育的开展情况发现，目前在我国高校中职业道德教育普遍存在辐射度和受益面明显过小的问题。很多高校都没有将职业道德教育纳入日常的教育教学体系，以致大学生对职业道德教育的认识存在误区。尽管在传统的教育方式下，大学生能够明确职业道德的判定标准，但是，在当今社会多元价值观念的影响下，大学生却不免会产生迷茫的心理。特别

是在刚刚步入社会的一段时期，由于缺乏正确的、坚定的职业道德观，可能导致大学生一方面认可学校教授的职业道德教育内容，有较高的职业道德认知，但另一方面，在实际的生活中表现为对职业道德的实效性缺乏信心，并不一定将所学到的职业道德认知转化为自己的实际行动，造成知行相背离的结果。

如果能够将职业道德教育融入高校思想政治教学中去，将思想政治课堂教学活动作为职业道德教育的重要载体，能有效提升大学生职业道德教育的成效。

2. 能够让思政课的教学内容更贴近学生的生活实际

人类学和心理学研究表明，教育内容真理性越强，教育对象就越感兴趣，取得的教育效果也就越好，即教育的说服力和实效性越强。因此，只有敢于正视社会现实问题，敢于对热点和敏感问题进行分析，才能够拉近与学生的心理距离。现代社会，就业及职业发展问题对当代大学生来说是最为贴近生活实际，也最能满足个人和社会需要。职业道德教育是从高校学生的现实生活和提升职业素质的实际需求出发开展的教育活动，与学生的生活和学习之间存在着密切的联系。随着经济的发展，社会环境日益复杂化，各种利益群体的出现及经济成分的发展，很多大学生职业思想出现了务实性、多样化的倾向，大学生的职业行为选择不是出于职业道德义务感或责任心，而是出于对个人利害得失的权衡，缺乏对家庭、学校及社会的责任感，没有团体意识，往往以自己为中心，缺乏基本的诚信。因此，将职业道德教育融入高校思政课堂，能够让地方高校思政课中原本抽象的教学内容变得具体，让所开展的思政课教学活动更贴近学生的生活实际，从而更好地激发学生的学习兴趣和学习热情。

3. 创新大学生思想政治教育工作的需要

思想政治理论课和职业道德教育的融合是创新大学生思想政治教育工作的需要。其中，教育方法途径的创新又是提升大学生思想政治教育效果的重要着力点，应针对教育对象所处的不同生涯发展阶段、身心特征和思想状况，采取不同的教育方法。职业道德教育突出的实践性特征，使其成为促进思想政治教育科学化、生活化、社会化的有效路径。第一，职业道德教育引导学生树立正确的职业价值观，自觉规范职业行为，帮助大学生提升综合素质，适应社会对多样化人才的需求，把个人发展目标与社会发展目标紧密结合起来，在解决学生生存发展的实际问题的过程中促进地方高校思想政治教育的目标更具针对性、更加科学化。第二，职业道德教育，从教育主体发展需要出发，不断丰富思想政治教育的时代内涵，职业道德教育与职业理想信念教育、职业素养培养等相关联，充分体现思想政治教育内容的综合性。第三，职业道德教育强调教育者和受教育者之间平等地位，充分发挥主体进行自我思想政治教育的重要性，使得地方高校思想政治教育的方法更加科学化。第四，职业道德教育从客观事实层面为思想政治教育研究提供了最初的研究起点，即"现实的个体的人"，促进了思想政治教育研究的科学化。

（二）基于大学生职业道德教育的思政课教改的可行性

1. 思政课教改与职业道德教育内容具有互补性

职业道德教育包括职业道德知识教育和职业道德能力教育，职业道德教育是思政课教改的重要内容。发挥思政课堂紧密联系社会、联系时事的特点，将职业道德教育有效融入其中，充分结合学生专业特点和职业需求，丰富思政课教学内容。发挥思政课的主渠道作用，例如可以在"思想道德修养与法律基础"课程教学中将理想信念教育同大学生职业理想相结合，将道德、法律章节与大学生职业发展相联系，将人生价值章节与大学生职业价值观相融合，从而使大学生对职业道德有更清晰、更全面的认识。

通过学习社会主义职业道德，建立正确的职业道德观念，明确坚持职业道德对个人发展和社会进步的重要意义。深刻体会社会主义职业道德在职业生活中的具体要求和相应准则，因为社会主义职业道德属于公认的社会道德的重要组成部分，尽管各行各业的职业道德都有自己独特的内容和要求，但是"爱岗敬业、诚实守信、办事公道、服务群众、奉献社会"则是所有职业活动的共同要求。就大学生而言，首先要学习和认识职业道德的一般要求，即认真学习社会主义职业道德规范，以便在将来的工作中能够把握职业道德的基本要求，具备基本的职业道德素质。

2. 思政课教改与职业道德教育方法具有互补性

职业道德教育大多采取在就业指导课上讲授，请专家、学者来学校和学生进行面对面的讲座，组织学生进行社会调查活动等形式。但是这些在整个教学过程中所占比重很小，一定程度上影响了职业道德教育目标的实现。将职业道德教育纳入课堂理论教学和实践教学中，可以在思政理论教学中培养学生的职业道德意识；在职业实践活动中，注重培养学生的职业道德的社会责任感。将职业道德教育的内容真正内化为学生综合道德素养的提高。

3. 思政课教改与职业道德教育功能上具有互补性

职业道德教育和思想政治教育的目标一致，都致力于通过内化与外化的教育方式，既培养大学生优良的思想政治品德和人格特质，提高个人素养，又引导其积极主动参与社会实践，完善其社会人格。从大学生综合素质发展的角度来看，职业道德教育通过对大学生进行定向职业素质教育，提高就业竞争力，为大学生的职业和事业发展奠定了基础。思政课作为思想政治教育的主渠道解决的是大学生的精神层面的问题，它能改变大学生对世界的看法，在其人生道路上起到指引方向的作用。从功能性上讲，一方面，职业道德教育以职业为桥梁，使地方高校思政课的教学目标更加具体清晰，措施更具有可操作性。把教育对象的主体需求和教育的终极目标、把教育目标的多层次性与教育对象的多样性等都有机地结合起来。职业道德教育一定程度上实现了思政课改革向现实生活的回归，切实增强了思政课教改的有效性。另一方面，思政课是职业道德教育的重要载体，对学生职业道德教育起着引领作用。科学的世界观、人生观、价值观和个人理想信念是大学生成人成才的基础，不仅是每一个学生成长的精神支柱，而且是进行职业道德教育的支撑点和创新职业道德教育活动的工作载体。离开思想政治教育，职业道德教育难免迷失方向。

（三）基于大学生职业道德教育的思政课教改策略

不论是思想政治理论课教育还是职业道德教育，都是帮助大学生从不断的变化、构建、反省、重构的职业生涯发展过程中完成其认知和行为能力的提升。以大学生职业道德教育为载体，积极实施思政课教改，引导大学生树立正确的职业价值观，以社会主义核心价值体系引领职业道德教育的社会价值取向，培养大学生坚定的职业信仰，才能促使大学生在日后的职业生涯中能够自觉地将职业道德认知转化为正确的职业行为。

1. 激发学生提高思想道德素质的内在动力

职业道德教育是思政课教学内容的重要组成部分，与大学生未来生活联系最为紧密。然而，受传统教育观念的影响，人们大多认为大学职业道德教育就是教授大学生职业道德的规范、原则和要求，是一种知识性的授受，而忽视大学生职业价值观的培养。但是，大学职业道德教育的本质要求是通过对大学生进行职业道德教育，培养大学生职业道德素质，提高大学生的职业道德水平，从而可以促进整个社会职业道德水平的提高。因此，大学生职业道德教育不能仅仅停留在大学生掌握职业道德规范的层面上，能够自觉履行职业道德的要求才是最重要的。

要想提高思政课教学效果，必须凸显学生的主体性地位，变"要我学"为"我要学"。在教学过程中很重要的一个环节就是"知己知彼"，大学生要通过各种职业生涯心理量表的测试、相关人员的评价、自己的剖析等方式来了解自己，同时还通过各种媒体、实地考察、专家讲座、毕业生经验交流等形式了解用人单位对人才素质的要求。经过比较分析，让学生看清自己与用人单位所需人才的差距，明白自己的思想道德水平和综合素质的高低将直接影响到自己的顺利就业、影响到今后事业的成功。大学生一旦充分认识到道德失范的严重后果，就会将全面提高自己的素质转化为自己的内在需求，自觉主动地接受思想道德教育并内化为自己的行动。

2. 优化思政课的教学内容

在地方高校的思想政治教育中，可以通过将社会主义核心价值观与职业道德教育有机结合，来深化学生的职业道德认知。具体而言，可以围绕中国特色社会主义共同理想，开展职业理想教育，使学生明确个人职业目标与国家发展大局之间的联系；以弘扬民族精神和时代精神为核心，加强职业精神教育，激发学生的爱国情怀和社会责任感；以社会主义荣辱观为基础，进行职业道德教育，帮助学生建立正确的道德观念，增强其职业操守。同时，应将集体主义教育融入职业道德教育中，强化学生的团队合作意识，培养良好的职业态度。鉴于地方高校的实际情况，还应当注重将民主法治教育与诚信守法的职业道德要求紧密结合，通过具体的案例分析和实践活动，让学生深刻理解并践行诚信守法的重要性。这样不仅能够促进学生个人品德的提升，也为社会培养了具有高度职业道德的专业人才。

3. 注意教学方法的灵活运用

大学生职业道德教育是一种主体性教育，思政课教师应该尊重大学生的各种内在需要，主要在于努力寻求社会职业道德要求和大学生个体需求的结合点。大学生对职业道德的内在需要是进行职业道德教育的成功前提，职业道德教育的效果与大学生是否能够自主自愿地接受外在的职业道德影响并内化这种影响密切相关。因此，对大学生进行职业道德教育，首先要激发大学生的职业道德需求，尊重大学生的主体性，运用"翻转课堂"等教学模式，把职业道德教育过程看作教育者和大学生不断互动的过程，激发大学生内在的职业道德需求。通过这样的主体性教育，如果能够使大学生不再把各种职业道德知识仅仅当作一般的需要了解的知识理论，而把它们当作自身的行为准则，用来规范自己的职业行为，这样的职业道德教育才是真正成功的教育。

通过应用多种方法来创设出相应的教学情境，营造出与教学情景相符的教学气氛，让学生将职业道德认知与有关职业道德情境有效融合，生成相应的实际体验，进而提高大学生的选择能力与道德判断力，在必要的情况下，教师可讲述一些典型的案例，在教师与学生、学生与学生间的交流和沟通下，在学生学习情感与学习态度上狠下功夫，进而拉近与学生间的距离，这样教师与学生间就能出现有效的、合理的情感关联，感情有了，教师才能更好地引导学生。

4. 提高思政课教学师资的执教水平和执教能力

在职业道德教育的高校思想政治教学改革实施的过程中，不但要求任课教师要具备扎实的思想政治专业基础，同时，还要求任课教师要具备一定的职业指导知识、就业指导技能以及心理辅导知识和心理辅导技能。由此可知，基于职业道德教育的高校思想政治教学改革的实施对高校思想政治任课教师提出了新的挑战，要确保教学改革的顺利实施，就要注意通过组织开展培训活动、教学研讨活动以及外出学习进修等多种方法和途径来提高任课教师的执教水平和执教能力。

5. 积极实施工学结合的思政课教学模式

工学结合的思政课教学模式，是将培养学生的职业道德与锻炼学生的职业技能有效融合，让大学生职业道德认知在专业性、职业性等方面得以提高，在实践教学中，教学者都要带领大学生充分利用真实的、有效的职业环境，感悟和观察职业道德的价值，并对职业道德进行总结，总结自身在接受职业道德中的不足，从而强化自身对职业道德的认同。对于青年学生在面临职业道德出现困惑时，教师要针对性进行引导，帮助学生解决困惑，弥补自身的不足。在学生完成实践后，还要重视社会反馈并对职业岗位有关的评价体系给出建议，在反馈评价行为后，帮助青年学生提高职业道德素养。

6. 将职业道德培养融入学校大思政课程

合理的职业道德观体现着社会与个人、现实与未来的关系，是一种理性的道德观。国外高校职业道德教育大多以"价值观"培养为核心，美国的职业道德教育融入公民教育中，欧洲的职业道德教育融入到宗教中，日本的职业道德教育融入企业团队教育中。其中，有许多合理成分值得我们吸收和借鉴。我们应建立国家和地方高校思政课的创新体制，将职业道德教育融入大思政教育体系中。大思政课程既包括思政教学部门的理论教学和实践教学，也包括学校在多层次、多角度上对学生思想政治进行的教育。从学生入校开始，配合思政教育课与专业课程的深入，开设各类职业道德校园活动，保证职业道德教育全程贯穿学生的大学生活，形成良性循环体系。

一是发挥社团、学生会在培养学生职业道德中的作用。思政课堂教育应充分与校园活动相结合。如"新生教育""大学生活适应""宿舍文明创建活动""军训"等校园常规活动，都可以寻找到与思政教学目标与考核标准相结合的方式。思政课堂延伸到校园活动中，完善思政课考核标准，将学生的校园活动表现作为评价考核方式之一。利用寒暑假时间，从事思政教育的教师可以组织团队，开展丰富多彩的职业社会调研活动。二是发挥思政课课外实践活动在培养学生职业道德中的作用。开展更加多样化的职业道德教育，促进学生职业道德素养的形成。关注社会时事及社会生活，组织学生参与支教支贫活动，邀请优秀校友或是在某一领域有突出成就的优秀毕业生和优秀社会人士为学生开设专题讲座，利用校园宣传栏，建立"荣誉长廊"，用优秀人士的开拓进取的职业精神激励学生奋发向上。

四、地方高校思政课教改和学生法律素养培育

高校学生是社会主义法治建设的重要力量，而思政课教学是高校学生进行法律素养培育的主渠道。要充分发挥思政课教学的主阵地作用，以提高学生法律素养培育的实效性。

法律素养是一个人认识和运用法律的能力。从法理学意义上讲，它包含以下四层意义：一是法律知识的掌握；二是法律观念的形成；三是法律意识的树立；四是法律信仰的坚持。这四个层面在内涵上是呈逐步上升形态。公民法律素养的高低，在一定程度上反映了这个国家或民族的文明程度。在全面深化改革的形势下，国家"全面推进依法治国"的战略目标为高校的思想政治教育尤其是学生的法律素养培育提出了新任务和新要求，承担着对大学生进行系统的马克思主义的世界观、人生观、价值观、法制观的教育任务的高校思想政治理论课是对高校学生普及法治教育、培育法律素养的主渠道和主阵地，使高校学生成为既能懂专业知识、技术，又能知法、懂法、守法、用法的高素质、技能型人才具有十分重要的现实意义。

（一）地方高校思政课教学中学生法律素养培育的价值

1. 实现思想政治教育育人目标的需要

目前，在地方高校中，针对学生法律素养的培养主要依托于"思想道德修养与法律基础"课程（简称"基础课"），该课程通常安排在大一新生的第一学期。"基础课"由思想道德修养和法律基础两大部分组成，其中法律基础部分在课程安排中占12个课时。作为高校法律素养教育的核心，"基础课"中的法律基础部分承担着重要的使命。特别是在"基础课"教材的第五章《领会法律精神 理解法律体系》、第六章《树立法治理念 维护法律权威》以及第七章《遵守行为规范 锤炼高尚品格》的第二、三、四节中，明确强调了学生需要学习和理解社会主义法律知识，增强法律意识，领会法律精神，树立法治观念，培养法治思维，增强维护法律权威的自觉性，并掌握法律修养的方法和路径。

基于地方高校思想政治理论课程的性质，其法治教育的目标在于帮助大学生理解和掌握马克思主义法学理论及社会主义法律的基本原则，熟悉宪法和其他重要法律的精神实质，旨在培养学生的公民意识，使其能够在日常生活中依法行使权利、履行义务，尊

重和维护法律的尊严。这一目标的实现，既符合依法治国、建设社会主义法治国家的需求，也是提升学生法律素养的关键所在。因此，地方高校在进行法律素养教育时，一方面要着力于增强学生的社会主义法治观念，另一方面则需关注学生个人成长和发展过程中可能遇到的具体法律问题，提供相应的指导和支持。这不仅体现了新时代背景下高校思政课程对学生法律素养培养的新要求，也是确保学生全面发展、成为合格社会主义建设者和接班人的必要条件。

2. 实现高校学生全面发展的需要

党的十九大报告提出："青年兴则国家兴，青年强则国家强。青年一代有理想、有本领、有担当，国家就有前途。"[①]高校的青年大学生正是这社会上最富有朝气、最富有创造性、最富有生命力的群体之一。他们的全面发展就是德、智、体、美、劳综合素质的全面发展，在素质教育层面就体现为思想道德素质、科学文化素质和身心健康素质的全面发展。思想道德素质是高校学生全面发展必须具备的首要素质，法律素养的培育可以有效地深化思想道德素质，为大学生全面发展奠定基础。学校通过思政课培育学生法律素养，要求学生对法律知识予以积累，逐渐内化为法律意识，外化为运用法律的能力，让学生能理性认知法律在维护社会秩序、保障公民权利方面的意义，认识到法律对现代社会发展的重要性和必要性，认识到法律对其自身发展的密切关系，让学生从思想上真正认同法律、信任法律并依赖法律，在处理社会关系的行动上，即使在不了解法律法规的具体法条规定的情况下，依然能根据法治精神和自身的法律素养来评判事实，引导行为，正确地行使权利并积极履行义务，保护自己的合法权益。在法治的保护下，自由自主地发挥主观能动性，让法律服务于自身的发展，为个人合法活动保驾护航，最终实现个人的全面发展。

3. 实现全面推进依法治国的需要

依法治国，是坚持和发展中国特色社会主义的本质要求和重要保障，是实现国家治理体系和治理能力现代化的必然要求，事关我们的党执政兴国，事关人民幸福安康，事关党和国家长治久安。中国特色社会主义法律的权威，不仅需要包括大学生在内的每一位公民对相关的法律制度和法律条文的认知，更需要让法治观念深入人心，形成崇尚法律、敬畏法律、信仰法律的社会风尚。大学生作为国家未来法治建设的主力军之一，必然成为法律素养培育的重点对象。地方高校开展的思政课是培育学生法律素养的主阵地，如果学生能真正在思政课教育过程中形成法治思维，增强法治观念，养成法律习惯，用

[①] 习近平. 决胜全面建成小康社会夺取新时代中国特色社会主义伟大胜利——在中国共产党第十九次全国代表大会上的报告 [N]. 人民日报, 2017-10-28(1).

实际行动践行法律，维护法律权威，这不仅在精神上为法治国家的建设提供有力支持，更在言行上对其他民众起到较强的示范和辐射作用，有利于法治思想和法治观念的传播，有利于推进我国普法工作的顺利开展。可见，大学生的法律素养是推进全面依法治国的重要精神力量，培育地方高校学生形成良好的法律素养对实现全面推进依法治国战略有着长远的意义。

（二）地方高校思政课教学中学生法律素养培育的现状

1. 学生法律知识薄弱，缺乏学习主观能动性

通过向学生发放调查问卷进行抽样调查，结果发现，几乎所有被调查的学生都认为应该知法、守法，并依法保护自身的合法权益，了解"建设社会主义法治国家"的战略目标和"依法治国"的基本方略。然而，调查也揭示了一些问题：42.8% 的学生表示尽管掌握了法律知识，但在实际应用中感到困难；53.4% 的学生认为自己的法律知识不够充足；48.3% 的学生认为"思想道德修养与法律基础"课程对其帮助不大；40.6% 的学生仅因考试需求而学习这门课程。更有甚者，部分学生认为，只要不做违法之事，法律与自己关系不大。

从知识来源上看，40.5% 的学生的法律知识来源于学校教育，20.9% 来自家庭影响，38.6% 则通过新闻媒体获得。这些数据反映出"90 后"大学生虽然处于青年期，心理逐渐成熟，但由于社会经验相对缺乏，对法律在社会发展中所起的作用和地位认识不够深刻。在当前就业形势严峻的背景下，地方高校普遍重视专业技能训练而忽视德育教育，导致学生更多地专注于专业知识和技能的学习，而忽略了包括法律素养在内的综合素质的提升。加之法律知识本身的抽象性和枯燥性，以及"基础课"采用开卷考试的方式，许多学生持"60 分万岁"的态度，认为只需在期末临时抱佛脚，便能轻松获得学分，无需投入过多精力学习法律知识。因此，若想有效提升地方高校学生的法律素养，必须充分调动学生的积极性和主动性。

2. 思政课在教学实施方面比较单一

长期以来学生对思政课的法治教育兴趣不高，地方高校学生法律素养培育成效不大，跟授课教师的教学实施有着很大的关系。目前多数思政课教育教师在教学模式上依然是以课堂的法律理论知识灌输为主，实践性教学特别不足，理论和实践相脱节。面对难懂的法理、枯燥的法律知识，教师单纯的说教，根本无法满足学生的实际需求，更难以点燃学生的学习热情。学生的法律素养培育从来就不是纸上谈兵，只有将理论与实践相结合，才能让学生真正理解法治的内涵，真正从内心深处接受法律，信仰法律。

非法学专业的学生，由于多方面原因，学生法律素养培育的客观条件（比如模拟法庭、法律援助中心等）缺乏，即使他们对法律知识有所认知，仍然无法进行社会实践（比如律师事务所参考学习，法院旁听等）。在教学方法上，教师也主要采用PPT演示课件，虽然多数教师会准备教学视频（比如今日说法、经济与法、庭审现场等），但限于教学时间限制和教学管理制度的约束，许多视频材料也无法给学生放映，许多优良的网络教学资源，现代化教学手段和教学平台也未得到充分利用，最终使得思政课对学生进行的法律素养培育工作浮于表面，流于形式。

3.法律素养培育的师资队伍不能满足需求

思政课教师的法律素养高低直接影响到大学生法律素养培育的实际效果。由于对学生法律素养培育工作具有较强的专业性，对思政课教师的要求也比较高。当前从事大学生法律素养培育的一线工作的思政课教师专业背景的多元化，法律素养良莠不齐。笔者所在学院的思政课专任教师中只有29%的比例是法学专业毕业，71%的授课教师是非法学专业毕业。还有一些地方高校思政课教师队伍中包括了辅导员及学工处、团委的工作人员。相比拥有法学专业背景的思政课教师，非法学专业毕业的教师法律理论知识就相对缺乏，对法律理论的认知就可能存在偏差，对法治精神和法治理念理解不够深入，更缺乏法律实践的经历和资源，他们在教学过程中就很容易导致对教学内容理解不透彻，教学过程掌控力不足，甚至只能照本宣科地停留在单纯的法律理论知识的讲授，无法吸引学生的兴趣，在学生法律素养培育过程中就显得力不从心。而法律专业毕业的思政课教师在讲授法律知识时，就更加容易通过精心收集、整理的法律案例做深入的教学剖析，在知识点的讲授过程中潜移默化地培养学生的法律规则意识，培育学生的法律素养。

（三）提高地方高校学生法律素养为目的的思政课教改对策

苏霍姆林斯基说过，学校将一个无知（犯罪）的人送到社会，就是给社会增加一个危险分子。大学生的法律素养是不会自发形成的，需要其充分发挥"两课"教学的主渠道、主阵地作用，在有限的课堂教学中提高思政课课堂教学效果，培育高校学生的法律素养。

1.明确思政课法律素养培育的教学目的

当前,高校开设的"基础课"是一门公共理论必修课,是政治课,基础课,非法律专业课。该课程内容与法学教材相比,不同的在于该部分教材的编写内容繁杂但叙述简单,虽涵盖法律基础的方方面面,但也泛泛而谈并不涉及具体的法律条文。它主要是向大学生传播我国的法律精神,培养学生的法律意识,进而树立对法律的敬畏信仰之情。思政课教师应十分明确国家和高校开设该课程的目的绝不是要向高校学生灌输任何法律专业知识,让每一个学生都成为法律专家，更不能将该课程当成是一门法律专业课程予以对待，它仅仅是一门思想政治教育的基础课。

"基础课"课程的法律部分教学目的决不仅仅是对学生进行法律知识的传播，更要提高学生的法律意识，传授法律知识是手段，培育学生法律素养。正是当前一些思政课教师对课程教学目标不明确，导致了对教学内容重点的把握存在着偏颇。在全面推进依法治国，建设社会主义法治国家的新形势下，对大学生的法律素养培育的重点不仅是帮助他们增强社会主义法治观念，提高法治素养还必须帮助高校学生能将所学的法律知识和法律思维运用到解决实际生活中的法律问题。只有明确了"基础课"课程法律部分的教学目的和教学重点，才能在课堂教学中不局限于法律知识的讲授，注重对学生法律素养的培育。

2. 整合思政课法律素养培育的教学内容

地方高校以培养实践能力强、具有良好职业道德的高素质技能型人才为目标，面对经济全球化和信息化的发展态势，思政课法律教育教学也应该与时俱进。思政课教师不仅要诠释既有的法治思想和法律精神，还要积极主动更新教育教学观念，丰富教学内容。在立足《基础课》教材的基础上，认真研读党的二十大报告、二十届三中全会"完善中国特色社会主义法治体系"等相关报告精神，精确理解新时期全面推进依法治国的根本要求，深刻领会习近平总书记系列重要讲话精神，正确认识党的领导和依法治国的关系，切实把握社会主义法治的价值内涵，帮助学生全面了解中国特色社会主义法治道路和法治体系的本质特征，并将此融入对学生进行法律素养培育的全过程。同时，教师应有机整合本学期思政课中相关教学内容，因材施教、因人施教。例如，在讲授"基础课"教材《学习法治思想 提升法治素养》第二节第三目"建设法治中国"中的建设中国特色社会主义法治体系的内容时，笔者就会将本章第四节第二目"依法行使权利与履行义务"整合教学，通过"上海复旦投毒案""新消费者权益保护法""酒后驾车与醉驾认定"等贴近实际、贴近生活，学生又普遍关心的难点、焦点问题进行案例教学，激发学生学法、守法、用法和护法的兴致，达到培育学生法律素养的目的，用学生喜闻乐见的语言风格和表达方式增强理论说服力和课堂教学感染力，让学生真心喜爱《思想道德与法治》，真心喜欢思政课。

3. 创新思政课法律素养培育的教学模式

哈佛大学法学院的院长郎代尔所言"有效的掌握法律原理的最快最好的途径之一是学习那些包含这些原理的案例。"面对"基础课"教材法律部分"内容多、课时少"的现状，案例教学不失为行之有效的高效教学法。思政课教师应不断夯实自身法律基础，完善法律知识结构，结合全面推进依法治国的新理念和新精神，精心搜集、选取具有一定代表意义的司法案例进行教育教学，或者组织让学生自己对案例分析讨论，最后由教师的指导、讲解，用这样以案说法、以案解法、法案结合来组织教学，充分发挥学生学习的积极性和主动性，从而达到学生掌握法律知识，逐步形成正确的法律意识，进而树立依法治国的社会主义法治理念。但需要注意的是，思政课的案例教学模式必须充分考虑道德教育与法治教育的统一，切不可为了培育和强化学生的法律素养，把思想政治理论课上成了法律课或者故事课，不可忽视或者淡化思想政治理论课作为德治教育主渠道的作用，要将道德教育和法律教育统一性的观念时刻贯穿于思政课法治教育的全过程。此外，"体验式""讨论式""启发式""互动式""多媒体网络教学"等多种教学方法相结合，将单一的课堂讲授调整为"课堂讲授＋学生实践＋自学＋讨论交流＋观看影视资料＋撰写论文"等综合教学模式，对改善思政课法治教育教学实效，激发高校学生学习法律知识、增强法律意识、树立法治理念、维护法律权威，提高法律素养起着重要作用。

4. 丰富思政课法律素养培育的教学手段

当前，地方高校学生崇尚创新，关注新技术，而且非常希望亲身体验获取学习知识。思政课教师要紧跟时代步伐，掌握现代化教育教学高新技术，努力推进网络化和多媒体进行对学生法律素养培育。首先，多媒体能将思政课法律素养培育的教学内容图文并茂、音像兼备的展现，使抽象的法律理论知识直观化、具体化、形象化，能够极大地缓解传统教学中"一支粉笔、一块黑板、一本教材讲半天"的状况所带来的视觉和审美疲劳，给学生带来充分的视觉享受，具有浓厚的吸引力和情感性。其次，建立思政课法律素养培育教学互动网站。鉴于当前网络正在对大学生产生广泛而深刻的影响，网络已成为学生思想表达的新空间、学习和生活中的精神家园。教师运用QQ、E-mail、BBS、手机微博、微信、维权论坛、贴吧等多种网络媒介，与学生在网上对法律知识进行交流、探讨，帮助学生答疑解惑、听取学生建议和意见，有的放矢地进行法治教育，还可将思政课对学生的法律素养培育工作延伸到网络，通过精品课程网站建设，实现网上教学互动，有针对性地解答学生所关注和讨论的社会热点和焦点问题，及时有效地澄清学生头脑中存有的一些法治思想误区，排解部分学生的偏激和消极情绪，积极引导学生树立对知识产权等相关权利的法治观念，使地方高校学生法律素养培育工作体现新颖性、直观性、互动性，增强学生法律素养培育的教学实效。

5. 优化思政课法律素养培育的师资队伍

乌申斯基曾说："教师个人的范例，对于青年人的心灵，是任何东西都不可能代替的最有用的阳光。"学生法律素养培育的教学质量和教学水平的高低，关键在思政课教师。教师自身的法律素质在一定程度上对思政课教学质量起着决定性因素。优化思政课法律素养培育的师资队伍，一方面需要地方高校管理者切实领会思想政治教育和法治教育的精神实质，重视思政课教师队伍的建设，吸收法学专业的教师成为思政课法律素养培育的骨干教师，扩大法学专业教师在思政课队伍中的比例，从课时计算、职称评定等方面切实有效地保证思政课教师的地位，鼓励年轻教师专门长期从事学生的法律素养培育工作。另一方面，思政课教师要自觉提高自身的法律素养。对于法学专业毕业的教师，要不断夯实自身法律专业基础知识，优化知识结构，积极参加法律社会实践，积累法律实战经验和法律资源。对于非法学专业的思政课教师，可以通过研读法律书籍、法律继续教育或者法律教学研讨班、法律交流会等活动，发挥主观能动性，强化自我法律教育，努力提升法学教学授课技能，最终达到对学生更好地进行法律素养培育的目的。

五、地方高校思政课教学的目标激励法在思政教育中的功效

思政教育是为了提升大学生在思想道德方面的素质，帮助其树立正确的世界观、人生观和价值观，使学生做到知行合一。目前，很多国内高校积极探索将目标激励法引入到思政教育体系中去，这已成为当下富有时代意义的课题。分析研究目标激励法这个教学方法，有助于进一步优化地方高校思政教育内容，构建具有针对性和时效性的思政教育体系，对高校思政教育的发展具有现实意义。

（一）地方高等院校思政教育的现状

1. 学生学习动力疲软

当前，地方高校学生学习动力疲软的问题日益凸显，给思想政治教育课程带来了新的挑战。由于专业知识的难度和学习压力的增加，这些学生往往感到力不从心，逐渐对学习失去兴趣，并容易产生挫折感。他们的自我约束力和辨别能力相对一流高校学生较差，勤奋刻苦的学习精神不够。此外，大多数学生未能在入学初期设定合理、可行、阶段性的学习目标，导致学习过程中缺乏明确的方向和动力。面对学习生活中的种种困难和挫折，他们往往不能积极应对，容易产生厌学情绪，对旷课和补考现象见怪不怪。一些学生对思政课程的实用性持怀疑态度，认为课程内容过于理论化，缺乏实际应用价值。在课堂互动方面，学生提问和讨论的积极性不高，课堂气氛较为沉闷。综合来看，地方高校学

生在文化基础、专业素质、心理素质等方面的水平相对不高，极大地增加了思想政治教育的难度，显著影响了教学效果，使得教学任务变得更加艰巨。

2.重知识技能轻思想政治教育理念

目前，思想政治教育在地方高校普遍存在"首而无位"的现象。地方高校往往把面向生产、建设、服务和管理第一线需要的高素质高级技能型专门人才作为培养目标。地方高校不仅要求在校学生具有专业基本理论知识和基本能力，还需掌握某岗位群所需专门知识和专业技能，培养学生良好的职业道德、正确的法治观念和突出的敬业精神，提高就业机会和拓展就业渠道。教育部《关于以就业为导向，深化高等职业教育改革的若干意见》（简称《意见》）明确指出："高等职业院校必须把培养学生动手能力、实践能力和可持续发展能力放在突出的地位，促进学生技能的培养。"《教育规划纲要》（简称《纲要》)同样强调，职业教育要"着力培养学生的职业道德、职业技能和就业创业能力。"

由于对《意见》和《纲要》精神的片面理解，地方高校思想政治理论课普遍存在"重课堂、轻课外""重理论、轻实践""重教化、轻内化""重说教、轻养成"的现象，造成了重技能轻思想政治教育模式；学生在这种特殊环境中片面地理解"实用型""技能型"人才的概念，更看重专业成绩、技术等级、资格证书等，忽略了道德、精神的教育，思想政治教育在他们眼中成了可有可无的课程。

3.对外界事物辨析力差

经济快速发展的大背景下，学生的思想结构、行为结构、文化结构不断受到外界影响。如网络的发明，在给大学教育带来了很多便捷，提供了更多元教学方式的同时，让学生思想行为发生了很大的变化。网络大量传播的功利主义、享乐主义及暴力元素对知识面狭窄、自信心不足的地方高校大学生产生了负面的影响。其次，市场经济条件下道德评判标准多元化导致个体选择困惑、是非混乱等问题的出现。学生的世界观、人生观和价值观偏离正确的轨道，历史使命感和社会责任感逐渐降低，政治信仰迷茫、理想信念模糊、诚信危机。当他们的所见所闻与学校教育的不一致或矛盾时，有部分学生怀疑学校思想政治教育的价值和科学性，或者放弃学校思想教育，或者因其价值观念体系的变化而不再相信和接受思想政治教育，有的甚至会产生一些极端的思想和行为。大学生对外界事物的辨析力差成为思想政治教育所面临的一大难题。

（二）当前思想政治教育有效性不足的原因分析

1.社会环境因素

马克思曾经说过，环境塑造人，环境能够影响人的思想行为。环境分为硬环境和软环境，硬环境是指个体周围能摸得着、看得见的事物；软环境是指能对我们思想行为态度产生影响甚至是改变的一种精神力量。随着社会的不断进步和经济的快速发展，形形色色的文化形态和价值观念冲击着人们的思想观念，呈现多元化态势，这也就必然引起价值观的冲突。正处于价值观形成期的大学生，无疑也会受到外界思潮的冲击。刚刚进入大学的新生在外部的社会大环境的包裹下容易显得无所适从，对外部多元信息缺乏辨析能力。这样，在功利主义、享乐主义、唯金钱论等思想的冲击下，学生的价值观、人生观、世界观容易动摇和偏离正确方向。其次，就业形势严峻也给大学生增加了无形的压力。近几年来，由于各种原因，大学生就业十分困难，焦虑、困惑、失望等情绪在大学生心中滋长。地方高校学生的此类情绪尤为明显。学生来到学校后，在职业规划迷茫、心理承受力低等后遗症影响下，容易自暴自弃，逃课、旷课、迟到等现象在思想政治课上十分严重。

2. 师资因素

师资力量是关系教育实施成败的关键因素。例如，地方高校成立时间短，思想政治教育工作者集中在思政部教师和辅导员，这些教育工作者水平参差不齐。从高校教师学历水平来看，辅导员和教师基本拥有硕士学位，具有博士学位的教师数量有了相对的提升，但人数较少。这些老师刚从学校毕业，教学经验不足，教学方法比较单一，重理论轻实践，重课堂轻课外，实践教学环节比较薄弱，实践形式简单化。一部分思想政治教师自己对党和国家的政治路线、方针与政策缺乏足够的认识，思想政治教育未能由点及面，由部分到整体，理论和实践紧密结合；辅导员所承担的思想政治教育工作仅停留在上情下达、完成任务层面，对思想政治素质教育的理解只能流于形式，不能充分结合地方高校学生的具体情况进行教育。

3. 学校因素

学校是思政教育的主要承载体，学校大环境是决定思政教育成功与否的关键。部分地方高校在思政教育方面的经费投入有限，教学设施陈旧，缺乏现代化的教学工具和技术支持，这在很大程度上限制了教学效果的提升。同时，思政教育的考核方式单一，多采用开卷考试或简单的闭卷考试，学生往往只需在考前临时抱佛脚，即可轻松通过，缺乏深入学习的动力。这种考核方式无法全面评估学生的真实学习效果，也难以激发学生的学习积极性。最后，学校管理层对思政教育的重视程度不够，缺乏系统的规划和有效的管理机制，导致思政教育在实际操作中流于形式，缺乏实质性的改进和创新。这些问题的存在，严重影响了地方高校思想政治教育的有效性，亟需通过多方面的努力加以改善。

（三）思政课教学的目标激励法在思政教育中的功效

1. 目标激励法的含义

"激励"指有机体追寻目标时的动力和意愿，具有激励和激发的含义，能有效地形成人的认知、情感、意志、行为。18世纪以来，激励法被广泛应用于管理学、传播学、教育学领域。直到20世纪80年代，激励法才被引入思想政治教学研究中，成为一种重要的教学方法。

激励法是教育工作者在一定的教育目标指导下，运用正确的激励原则和方法，通过一定的激励刺激，满足教育对象的需要，从而激发其动力，调动其思想、道德、情感等各方面的积极性和创造性，进而帮助其端正思想动机，提高思想觉悟，使其朝着期望目标努力。目标激励法是众多激励法之一，它通过设定合理的、阶段性的、可行的目标，多途径激发主体的积极性，充分调动主体对目标的认知、情感、态度、行为，增强其目标认同感。

2. 目标激励法在思政课教学中的功效

学生认识过程涉及认知、情感、意志、行为四个方面，思政课既是一门理论课程，也是一门实践课程。情感激励法、行为激励法在提高思政课教学质量方面较为显著，但不能忽视目标激励法的重要作用。思政课上运用目标激励法可以激发学生的情感和动力，增强学生的意志力，逐渐内化为行为（对未来的梦想和追求），其作用主要体现为以下几点：

（1）明确目标，激发学生学习动力

目标在心理学上一般被视作"诱因"，能诱导个体发挥出潜能和加强个体动力，充分调动个体的积极性。在大学这个从高中过渡到社会的缓冲带和交界点上，学生明确了目标，就像在茫茫大海中有了航行方向，信心十足地面向未来，自然迸发学习激情。学生有了明确的目标，既提高了学习热情，还能在实现了学习目标后，又把这种热情和动力带到职业规划和人生规划中，相得益彰。

（2）提高学生对所学专业的理解能力

理解能力分三个水平，低级水平是能辨别对象，知道"是什么"；中级水平的理解体现在对事物的本质与内在联系的认知，知道它是"怎么样"；高级水平是在概念理解的基础上，进一步达到系统化和具体化，重新建立或调整认知结构，知道它是"为什么"。例如，学生基础弱、学习自觉性差等状况容易造成对所学专业的恐惧和厌恶。在学习过程中，显现出了理解力差，兴趣低、自信心不足。设定目标能让学生对未来有信心，对前途有憧憬，有学习的方向标。目标能提高学生对所学专业有认识的清醒度和定位的准确度，自然地就能把目标和专业知识建立联系，一步步向学习目标靠近，逐渐认识到专

业"是什么"，怎样才能把专业学好以及为什么要学这个专业。这样，理解力由低到高逐渐提高。学生每次理解力的提高，都是对目标的进一步靠近。

（3）增强学习兴趣和学习信心

目标能激发兴趣和信心，兴趣和信心会随着目标的明朗化愈加浓厚和丰富。兴趣和信心可以帮助学生坚定目标和坚定追寻目标的意志力。大学生在刚进大学时容易养成懈怠、目的性不强等习惯，甚至产生对未来迷茫的情绪，这些习惯和情绪会逐渐影响到专业的学习兴趣和信心，地方高校学生的特殊现状使这类情况尤其明显。思政课上，则需教师有意识地利用目标激励法激励学生自我设定目标和巩固目标。学生有了动力，加上阶段性的成功（例如成绩的提高、比赛获奖等），自然建立起了对学习的兴趣。在目标的指引下，兴趣的逐渐浓厚伴随信心的逐渐加强，形成兴趣、信心、目标三者的相互促进、相辅相成。

（四）目标激励法在地方高校思政教育中的具体路径

1.用语言激励设定目标，提升思政教育的准确性

语言是人类最重要的表现方式和交流方式，使用得当则事半功倍，使用不当则事倍功半。善于用赞美鼓励的语言鼓励学生，调动他们学习的激情和设定学习目标的激情是一种良好的表现艺术。需要注意的是，教师使用语言鼓励学生设定目标、规划目标以及实现目标必须在心底切实遵循真诚关爱、平等尊重、知情信任的原则。在语言激励中，思政课教师需注意观察学生的情绪变化和个性特征，因人而异设定目标，通过设置互动环节，加强学生之间交流以及师生间交流。如探讨某个名人成长的轨迹或者当下某个成功案例，以启发学生根据自己情况设定目标。这种鼓励对象既包括发言者也包括其他学生。对发言者而言，语言交流能使其更深刻地理解自己目标的内涵和意义，体验自己勤奋努力的结果，衡量得失，从而更加坚定目标；对未发言的学生而言，聆听同学在和老师交流的语言更是一种激励，激励他们在心里总结过去和坚定未来。语言交流一方面可以鼓励有目标的学生，另一方面，可以刺激没有确定目标的同学把内心的梦想和目标表达出来、做起来、实现起来，增强他们的尝试欲，内化为行动。

此外，语言激励在思政课中的运用往往会收到预想不到的效果。语言激励，除了提高学生学习的热情和坚定对未来的信心，还能把学生导入深层次的思考。教师适时、有意的语言肯定学生见解的独特、思维的深刻，他们容易受老师的肯定备受鼓舞、信心百倍。

2.用情感激励学生确立目标

心理学把情感定义为，人对客观现实的一种特殊反映形式，是人对于客观事物是否符合人的需要而产生的态度的体验。情感是态度的一部分，它与态度中的内向感受、意

向具有协调一致性，是态度在生理上一种较复杂而又稳定的生理评价和体验。情感能激发心理活动和行为动机。相应的，"活动能够为个体的发展提供满足需要的对象，引起情感体验的变化，推动情感的发展"。辩证唯物主义认为，情感是一种特殊的主观意识，必定对应着某种客观存在，情感的实现关键在于能否找到这种客观存在。思政课上，这种特殊存在就是学习目标。

情感能激发学生探索、建立目标；目标建立以后，反而会激发情感的释放。思政课教学的目的是教师引导学生把教材上关于思想、道德和法律的知识内化为自觉的行动。找到"符合人的需要"（即目标）是内化为自觉行动（对目标的追求）的必要前提。思政课课程本身的特殊性决定了教师应更加注重运用情感激励学生树立目标。例如教师饱含热情地讲授知识和解答学生的疑问，增强学习信心；教师根据学生的个性和特点，有目的的启发式提问，在一问一答中帮助学生发现自己的优势，因材施教帮助学生树立合理的目标。如提问：当下你最想做什么和毕业时最想得到什么，让学生切身感受到当下目标与三四年后的目标之间还有差距，自己还需努力，情感上对目标形成实际认同；教师还可以预先设定目标，让学生预先情感体验目标已经实现，从情感体验中修正或巩固最初目标（如设定一个题目：如果实现了自己的理想，你还会做些什么或如果你成为比尔盖茨，你会怎么样，怎样正确对待用之不尽的金钱）。在这些互动探讨中，让学生找到"符合自己的需要"，在内心更明白自己究竟想得到什么，最想实现的目标是什么，对人生、未来有更清楚的认识。学生在情感体验中确立了目标，在追寻目标中释放了情感，以情感作为动力，形成学习—目标—感受目标—实现目标—再学习的良性循环。

3. 用荣誉激励学生确立目标

人行为背后总是受到结果（例如荣誉）的支配，行为的结果（荣誉的获得与否）则又加强或者减弱人的行为力。人有获得肯定、争取荣誉的需要，用荣誉激励学生，以示范对象的荣誉（生平、经历、成就等），辅之以情感烘托，起强烈的示范作用，从而调动人向目标靠拢的积极性。

思政课上，教师饱含感情地将获得荣誉的学生作为案例，向授课学生介绍其学习、生活经历，激起他们的情感认同，在内心总结自己，与获得荣誉的同学形成对比，重新规划自己的目标。用荣誉激励学生的过程中，要正确处理大目标与小目标的关系。大目标是由很多小目标组成的，思政课教师要善于针对学生个体的阶段发展情况给予荣誉，逐步激励其完成更大的目标。例如，某个学生基础较差，但是经过一段时间努力，获得小进步，实现小目标，老师及时给予这个学生一定的荣誉，这样，激励了其学习的动力，增强了信心去完成更大的目标。相反，如果老师没有给予一定的鼓励，学生则会产生失望、消极的情绪，很可能停止前进，甚至倒退；群体目标实现获得荣誉（例如班级获得优秀班级、十佳班级等）会让个体（学生）油然而生自豪感，在心理和行为上更向集体荣誉靠拢。因此，多设定班级荣誉奖项十分有利于提高学生集体向心力，学生的目标计划逐渐在集体荣誉中形成、强化。

在思政课教学中运用目标激励法，须注意以下几个方面：第一，要建立在地方高校学生特殊现状的基础上有的放矢地运用目标激励法；第二，目标的设定要注意合理性、具体性、阶段性，避免不切实际。在目标激励过程中，一旦学生目标受阻，要正确引导学生归因。第三，利用目标激励法的同时，辅之情感激励，如互助、关爱、尊重、平等等，形成目标激励和情感激励的良好互动和相互补充。第四，在目标考核和评价上，避免把成绩作为目标评价的唯一标准，要按照德、能、勤、绩标准，定性、定量、定级三种评价方式科学结合对学生进行全面综合考察，"刚性"规范，奖罚分明。

六、双主体互动理念下思政理论课的问题式专题化教学

基于建构主义与接受主义学习理论的比较，在高校思想政治理论课程的教学过程中秉持双主体互动理念，采用问题式专题化教学方法。这种教学理念和教学方法顺应时代发展要求，符合思政课教学改革的特点，不仅可以培养学生创新思维和创新能力，还可以增强思政课的教学感染力和实效性，使地方高校思想政治理论课更接地气、更顺应时代、更有成效。

高校要成为马克思主义学习、研究、宣传的重要阵地。思想政治工作既要坚定政治立场，也要深刻把握时代环境的变化，创新方式方法，更接地气、更顺应时代、更有成效。而地方高校思想政治理论课（以下简称思政课）是对大学生进行思想政治教育的主要渠道，是开展思想政治工作的重要平台，同时也是高校宣传思想工作。近些年来，地方高校宣传思想战线始终坚持正确政治方向和舆论导向，大学生思想政治教育成效显著，思想理论建设取得新进展，宣传思想阵地管理不断加强。但是地方高校思政课与"把高校思想政治理论课建设成为大学生真心喜爱，终身受益的优秀课程"的要求相比，差距仍较大。2020 年 1 月 16 日教育部在印发的《新时代高等学校思想政治理论课教师队伍建设规定》中明确提出：思政课教师应当深化教学改革创新。按照政治性和学理性相统一、价值性和知识性相统一、建设性和批判性相统一、理论性和实践性相统一、统一性和多样性相统一、主导性和主体性相统一、灌输性和启发性相统一、显性教育和隐性教育相统一的要求，增强思政课的思想性、理论性和亲和力、针对性，全面提高思政课质量和水平。

因此，探讨思政课的"双主体互动式理念"和问题式专题化教学，对于提高思政课教学实效性与针对性，深化教学改革创新具有重要作用。

（一）高校思政课教学改革的重要理论意义

1. 高校思政课在大学生思想政治教育中的核心地位

高校思想政治理论课程（以下简称"思政课"）作为大学生思想政治教育的主渠道，其重要性不言而喻。近年来，随着国家对高等教育质量提升的高度重视，思政课的教学改革取得了一定的成效，学者们在实践中探索出了多种有效的教学方法，如案例教学法、讨论法以及"互动式"教学法等。然而，值得注意的是，部分教学改革存在形式化倾向，即一些所谓的"互动式"教学法仅停留在表面，未能深入触及教学本质，这与中央对于深化思政课教学改革的要求尚有差距。因此，深入探讨"互动式"教学模式的内涵及其应用，仍有较大的发展空间。

2. 全面提升思政课教学效果，实现学生全面发展

为了使思政课能够更好地服务于学生的全面发展，全面改革教学方法成为必然选择。这不仅涉及利用现代信息技术促进教学内容、方法及手段的创新，更重要的是要强化教材、教师与教学这三个基础环节的建设。具体而言，应深入研究学生特点，准确把握教材内容，将教材体系有效转化为教学体系，并最终内化为学生的知识体系与信仰体系。在此过程中，采用双主体互动式、情境体验式等多样化教学方法，旨在优化教师的"教法"与学生的"学法"，进一步探索提高教学实效性的新途径。

3. 双主体互动式教学模式契合新时代人才培养需求

《中共中央国务院关于进一步加强和改进大学生思想政治教育的意见》明确提出了培养"德智体美"全面发展的社会主义合格建设者和可靠接班人的目标。这一目标的实现，要求通过思政课的教学，增强大学生对中国特色社会主义的认同感和信心，确保他们能够在学习中"真学、真懂、真信、真用"。双主体互动式教学模式强调师生之间的平等交流与合作学习，这种模式不仅有助于激发学生的学习兴趣和主动性，同时也符合社会主义现代化建设对复合型、创新型人才的需求，从而为国家培养出更多具备良好思想政治素质和社会责任感的新时代青年。

综上所述，高校思政课的教学改革不仅是教育领域内部的一项重要任务，更是服务于国家发展战略大局的关键举措。通过不断优化教学模式和方法，可以有效提升思政课的教学质量和育人效果，为实现中华民族伟大复兴的中国梦提供强有力的思想保证和人才支持。

（二）建构主义与接受主义学习理论的对比

接受主义学习理论是美国著名教育心理学家奥苏伯尔在 20 世纪 60 年代提出来的。奥苏伯尔认为，学生的学习主要是有意义地接受学习。接受主义学习理论强调的是一种学生的接受、教师为主导的学习方式。在学习过程中，教师发挥主导作用，提供学习的认知框架和固着点，将知识系统地传递给学生，与此同时教师要帮助学生明确和形成学习动机，确保学生习得知识，并发展学生的认知结构，使学习成为有意义的学习。这种接受主义学习即课堂讲授教学模式，是最经济、最便捷、最有效的教学方式。课堂讲授教学这种教学方式经久不衰，任何新的、现代化的教学模式和手段都没有动摇它的基础地位，足以证明它的实用性和有效性。

20 世纪 90 年代以来，随着心理学理论的与时俱进，建构主义学习理论逐渐在西方流行。和接受主义学习理论不同的是，建构主义学习理论认为，学习不应该是学习者被动地去接受外来的知识和信息，而是主动地学习。在这种学习方式中，教师、学生都是教学的主体，教师要帮助学习者从不同背景、不同角度出发，创设情境，并通过学习者独特的信息加工活动，建构自己的意义的过程。这一建构过程不是传统认知派的社会建构过程，而是一个个人建构的过程，建构起对现实世界的意义。

因此，为了进一步深化思政课的教学改革需要在教学中将这两种理论结合起来，互相取其所长并弃其所短，实现优势互补，则可相得益彰。

（三）双主体互动教学模式是提高地方思政课教学效果的有效途径

1. 采用双主体互动教学模式是必然趋势

双主体互动教学模式强调教师与学生在教学活动中的双重主体地位，其中教师负责设计、发动、组织和引导教学活动，确保教学流程的顺畅；学生则作为学习活动的发起者和维持者，主动参与思考、分析和解决问题的过程。这种教学模式融合了建构主义与接受主义学习理论的优点，既重视知识体系的完整传授，又注重培养学生独立思考与创新能力，有助于实现教学双方的共同发展，促进教学过程中的深度互动，建立和谐融洽的师生关系，从而有效激发学生的学习兴趣和主动性，增强思政课教学的实效性和针对性。

2. 双主体互动教学模式中实施问题式专题化教学方法

结合建构主义与接受主义学习理论的优点，在双主体互动理念指导下，思政课教学过程中具体可以采用问题式专题化教学方法。

在这种教学方法中，首先起主导地位的是教师，教师依据教材内容，根据世情、国情、党情的变化，同时要兼顾学生们的思想和学习的实际状况，在把握思政课重点和难点的基础上，依托教材又跳脱出教材的限制，以马克思主义的观点、方法和视角"进行专题化凝练，突出重点，力求生动"，专题的设置要"兼顾体系、体现精髓"；教师要精心设计教学内容和教学情境，同时要充分尊重学生的主体地位，和学生共同确定讨论、设计主题和问题，将教学内容高度浓缩为一个个能够吸引学生、会引起学生深入思考的问题。这些问题主要来自理论的热点、学生的思想疑惑以及现实焦点问题等。在讨论和设计中要让学生们以主体地位积极参与到教学过程中并充分展示自我，这样不仅体现出马克思主义理论的人文关怀精神，实现了教学理念的转变，还满足了学生参与教学的愿望，增强了他们的学习热情和对思想政治理论课的认同感。教学过程中，教师在对重点理论知识进行讲解、分析之后，重点要引导学生"对问题背后的理论本身的价值立场和思维方式的关注、思考和评价，浅入深出、润物无声地提升学生运用马克思主义的价值立场和理论思维的能力"。

针对课前设计的专题和问题，在教师的引导下，在教学过程中，学生发挥"学"的主体性，以小组为单位，争取全员积极参与，可以将所要表达的内容制作成PPT、视频，动手能力和创造力较强的学生甚至还可以拍成情景剧或微电影。以《中国近现代史纲要》中西安事变为例，鼓励学生们自己制作剧本，自导自演并拍成微电影。学生们通过这样的亲身体验，深刻感受并理解中国共产党在西安事变和平解决中所起到的重要作用。再如，《毛泽东思想和中国特色社会主义理论体系概论》中的第八章《建设中国特色社会主义总布局》，针对深化医疗卫生体制改革，学生们结合现实中的医患关系问题，排演成一部小品《红包》，针砭时弊，不仅绘声绘色地讽刺了当下某些医患之间收送红包的不正之风，更重要的是弘扬了正能量，让爱和感恩回归。教师结合学生们的作品进行分析、点评、提出问题、引导学生们思考和解决。学校每学年可以在校内举行思政课教学成果比赛，并对优秀的作品进行奖励，这样可以很好地激发学生们对思政课的兴趣，把枯燥的理论课变得有趣、活泼、生动，让理论真正地"入耳、入脑、入心"，更可以使学生在参与的过程中不断学习，不断提升能力，不断完善自我。

这种以问题为切入点的专题化教学，可以极大地调动教师和学生两个主体的积极性，不仅可以充分调动学生自我学习的能力，为发展学生的主体性、培养学生的创造性提供更好的条件，更有利于引导学生关注理论难点和现实问题，使思想政治理论课的教学更加接地气，更加适应时代的变化，更能引起青年学生的兴趣，也实现了思想政治理论课的教学目标，达到了师生的双向交流互动。与此同时，这种双主体互动教学模式更体现了教学理念的全面创新，增强思想政治理论课教学的针对性和实效性，在充分调动学生的积极性和主动性的基础上实现教学相长，进一步增强学生对中国特色社会主义的理论认同、政治认同、情感认同。

3. 构建激励性、科学化的评价体系

在双主体互动教学模式下，构建学生学习成绩激励性、科学化的评价体系是确保教学效果和学生发展的关键环节。传统的思政课评价体系往往过于依赖期末考试，忽视了学生在学习过程中的积极参与和综合素质的提升。这种单一的评价方式不仅难以全面反映学生的真实学习状况，还容易导致学生过度关注分数，忽视学习过程中的实际收获。因此，构建一个激励性、科学化的评价体系，不仅能够更准确地评估学生的学习成果，还能有效激发学生的学习动力，促进其全面发展。

首先，考试形式的改革是评价体系创新的重要一环。传统的闭卷考试主要考查学生的记忆能力和应试技巧，而忽视了对学生创新思维和实践能力的培养。在双主体互动教学模式下，应逐步推广开卷考试，特别是在思政课的教学中，开卷考试能够更好地考查学生对知识的理解和应用能力。开卷考试的题目设计应注重发散性和主观性，鼓励学生从多个角度思考问题，提出自己的见解。例如，可以设计一些案例分析题，要求学生运用所学理论知识解决实际问题，或者设计一些开放性问题，让学生自由发挥，展示其创新思维和批判性思考能力。通过这种考试形式，不仅能够减轻学生的应试压力，还能激发他们的学习兴趣，促进其主动学习和深入思考。

其次，成绩构成的调整也是评价体系改革的重要内容。传统的成绩构成主要依赖于期末考试成绩，而忽视了学生在平时学习过程中的表现。在双主体互动教学模式下，应适当降低期末考试成绩的比重，增加平时成绩的权重。平时成绩的评定应涵盖多个方面，包括课堂发言、小组讨论、作业提交、课堂参与度等。具体来说，可以设定一定的评分标准，如课堂发言的质量和次数、小组讨论的贡献度、作业的完成情况、出勤率等。这些平时成绩的评定不仅能够全面反映学生的学习态度和参与度，还能激励学生在日常学习中更加积极主动。例如，教师可以定期组织课堂讨论，鼓励学生发表自己的观点，对表现优秀的同学给予表扬和奖励；同时，也可以设置一些小组项目，要求学生合作完成，通过团队合作的方式提升学生的综合素质。

再次，构建多元化的评价机制是评价体系科学化的关键。传统的评价方式主要依赖于教师的单方面评价，缺乏多样性和全面性。在双主体互动教学模式下，应引入多种评价主体，形成多元化的评价机制。具体来说，可以采用自我评价、同伴评价、教师评价和考试评价相结合的方式。自我评价要求学生对自己的学习情况进行反思和总结，帮助

其认识自身的优点和不足，明确下一步的学习方向；同伴评价则通过学生之间的相互评价，促进彼此之间的交流和学习，增强团队合作意识；教师评价则是教师对学生学习情况的综合评估，包括知识掌握程度、学习态度、参与度等方面；考试评价则是通过开卷考试或其他形式的测试，考查学生的理论知识和实践能力。通过这种多元化的评价机制，能够更全面、客观地反映学生的学习状况，确保评价结果的公正性和科学性。

最后，评价体系的激励性是促进学生学习动力的重要保障。在双主体互动教学模式下，应通过各种方式激发学生的学习兴趣和积极性。例如，学校可以定期举办思政课教学成果比赛，对优秀的作品进行表彰和奖励，激发学生的参与热情。此外，教师还可以通过设立学习小组、开展课外活动等方式，为学生提供更多的学习机会和平台，鼓励学生积极参与，展示自我。同时，教师应注重与学生的个别交流和辅导，及时了解学生的学习情况，给予必要的指导和帮助，帮助学生克服学习中的困难，增强其学习信心和动力。通过这些激励措施，不仅能够提高学生的学习积极性，还能促进其综合素质的全面提升，为培养德才兼备、全面发展的新时代青年奠定坚实的基础。

综上所述，构建双主体互动教学模式下学生学习成绩激励性、科学化的评价体系，不仅能够更准确地评估学生的学习成果，还能有效激发学生的学习动力，促进其全面发展。通过考试形式的改革、成绩构成的调整、多元化的评价机制和激励措施的实施，能够为思政课教学效果的提升提供有力保障，使思政课真正成为学生真心喜爱、终身受益的优秀课程。

第
四
章

地方高校"课程思政"教育体系的构建

高校思政教育内容资源庞杂、零散，教育方法在现实思想政治教育实施过程中往往停留在理论阶段，难成体系。对思想政治教育内容资源的开发与利用，教育方法的构建是新时期实现从"思政课程"到"课程思政"的一个重大课题。课程思政是符合高等教育发展诉求的创新理念，是促进教育教学改革的重要举措。其次，课程思政的实践有利于高校思想政治教育坚持立德树人的根本要求，实现教书和育人的统一；有利于挖掘专业课程的思想政治教育元素，让思想政治教育通过课程这一载体润物细无声；有利于整合高校思想政治教育资源，形成合力，实现育人效果理想化。最后，课程思政的实践有利于满足高校思政课程与专业课程同向同行的现实要求，通过分析课程思政建设过程中的难点问题并探索实践策略，实现高校思想政治教育的可持续发展。本章从内容、方法和指标评价体系对地方高校"课程思政"教育体系的构建进行了相关探讨。

一、地方"课程思政"教育内容体系构建

毋庸置疑，当前地方高校思想政治教育虽一再高举"德育生活化"和"全课程全学科思政"的大旗，但现实的思想政治教育却被限定在了传统的思想政治教育课程里，其他课程及任课教师也缺乏思想政治教育的主动性和积极性。"课程思政"这一课题的提出旨在从根本上

提高各党政机关、课程、任课老师的思想政治教育积极性，将当下思想政治教育存在的"两张皮"现象从根本上扭转。

从"思政课程"到"课程思政"，思想政治教育的内容需要进行思考和整理，全面响应"课程思政"的根本目的，重新整合教育内容，打造全方位的"课程思政"教育内容体系。

（一）挖掘课程的思想政治教育资源是先决条件

所有课程都蕴含着丰富的育人资源。一方面，"课程思政"建立在每一门课程的基础之上，要与学科体系建设相结合，明确学科育人资源，建立学科育人共同体。比如，哲学社会科学课程要注重政治导向和文化的育人功能；自然科学课程要挖掘其科学精神和人文素养，培养创新意识、生态文明和工匠精神教育；应用技能型工科课程则可以探讨通过有效的实践活动形式来挖掘思想政治教育元素。学生受到多学科的熏陶，更容易树立正确的价值导向，培养其理性平和的心态、富于人文关怀的情感和高尚的审美情操。

另一方面，要着力探索"课程思政"的课程标准和教学规范，明确课程中的思想政治教育元素，在教育教学全部环节，明确育人要求，将提高"课程思政"的教育教学质量落地落实。

（二）着眼"课程思政"教育目标的"纵向衔接"

"课程思政"指向一种新的思想政治教育工作理念，即"课程承载思政"与"思政寓于课程"。落实好这一新理念，要做到课堂教学、社会实践、网络运用三维课程的有机统一。

"课程思政"要始终围绕专业和学校的培养目标展开。

"课程思政"首先要为专业培养目标服务，要将本学科的知识导向和能力培养要求和落实学科价值引领有机统一。在以往的学科的人才培养方案中，对知识和能力的培养要求十分明确具体，但对思想价值引领的要求却并不明确，即使有也是被所谓"高素质""全面发展""健全人格"等抽象的词语代替了，这就导致价值引领在学科教学中无法落实到位。

"课程思政"还要服从服务于学校培养目标的育人要求。虽然各地方高校最终都是为了培养德智体美全面发展的社会主义建设者和接班人，但不同高校的培养规格是不同的，他们的校史、校风、校训、教风、学风、校貌等也体现着自身的特点，因此，"课程思政"既要为专业培养目标服务又要体现地方高校自身的办学特色。

（三）强调显隐性教育、人文与自然学科、思政教育新旧问题间的"横向贯通"

课程思政教育内容包含许多对立统一的矛盾，比如思政显性和隐性教育、人文与自然学科、新旧思政教育等，只有将这些对立统一的矛盾横向贯通，才能真正实现整体化的"课程思政"。要实现横向贯通，需要做到以下几点：

第一，将显性教育与隐性教育结合。思想政治理论课是一门具体的显性教育课程，充分发挥其在学科建设和"课程思政"中的引领作用；其他课程作为隐性课程，在完成本学科教育教学任务的基础上，要与思想政治理论课形成协同效应。因此，高校"课程思政"建设中，要发挥思政理论课在"课程思政"建设中的引领作用，同时也要发挥其他隐性课程的助力作用。

第二，人文社科与自然学科的有机结合。"课程思政"理念下，各类课程都蕴含思政教育元素。现代学科分类精细，传统教学存在学科知识之间碎片化，壁垒化，不利于实现育人的整体效应。因此，需要统筹规划各门学科的价值元素，建立知识与人、知识与生活之间多维度的交融关系。

第三，要将传统思政的理论性与新思政的交互性有机结合。丰富生活化的德育内容，充分关注大学生发展中的热点问题和社会热点问题，做到理论与实际相结合。思政教育在贴近学生、贴近生活的同时，还要处理好理论教学与德育实效性的关系，既要在研究思政教材和学生的基础上，设法使抽象的理论内容具体化，又要针对学生出现的学习、生活、心理等具体问题加以抽象概括成理性认识，沿着从"抽象到具体"与"从具体到抽象"两个方向路径，把思政理论与生活实际问题进行有机结合。

（四）加强专业教育课、综合素养课和"第二课堂"的"三位一体"建设

从"思政课程"到"课程思政"的教育内容构建应更新观念，树立起全方位大空间育人观。社会环境的愈加复杂性客观要求地方高校思想政治教育环境体系建设树立全方位大空间育人观和系统工程的观念。要求地方高校思想政治教育要切实将"课程思政"的三大组成部分，即专业教育课、综合素养课和"第二课堂"在思想政治理论课引领下进行有机整合，三位一体，协同并进，发挥其在塑造大学生良好思想品德方面的积极作用。

思想政治理论课要从加强思政教育理论性，确保思想政治理论大方向的正确性；专业教育课要积极发掘蕴含的思政教育元素，并设法显性化；综合素养课要与时俱进；第

二课堂要推陈出新；同时教育者要率先垂范，为学生提高自身综合素养作出表率从而促使"课程思政"教育达成良好的教育效果。

思想政治教育是个大命题，每门课程都应融入思想政治教育这个大命题中，并将思想政治教育相关因素渗透至各门课程之中，正确处理好各类课程之间的关系。只有将思想政治教育与专业教育切实有机结合，才有学生方方面面的综合素质提高。

要将专业教育课和综合素养课与第二课堂充分结合。大学生整体思想道德水平的提升需要"第二课堂"的力量，而不单纯仅仅是课堂教学所能独自解决的。因此要精心培育具有较高综合素养水平和浓厚专业特性的"第二课堂"思想政治教育环境，在多元课程冲突中坚持正确的价值导向和先进的文化导向，用以爱国主义为核心的民族精神和以改革创新为核心的时代精神来教育引导学生。第二课堂它形式多样、时空范围广，内涵外延和深度广度都是课堂教学所不能比拟的。因此决不能忽视"第二课堂"的思政教育功能。地方高校在"课程思政"实践过程中，要把除思政教育理论课这一教育主渠道以外的课程，即专业教育课和综合素养课与"第二课堂"充分结合，以"立德树人"作为根本导向，以马克思主义和中国特色社会主义理论体系为指导思想，科学设计载体，创新工作举措，以文化人，以习育人，建立立体化思政教育工作体系，实现大学生思想道德素质教育内化于心，外化于行。具有"课程思政"教育气息的"第二课堂"活动形式主要有：文化讲座、校训解读、经典品读、社团活动、竞赛活动、创业活动等，在活动中要有意识地彰显道德对人的存在性意义，比如公共生活中的道德性，人际交往中的人格力量，集体利益与个人利益的协调等，在具体的思政氛围中培养学生的公共精神和自律意识。专业教育课与综合素养课相结合。专业教育课与综合素养课的结合，可以在育人过程中既提高大学生专业技能，又培养其精神素质，培养大学生既成人材，又成人才，有利于增强思想政治教育的实效性。二者的结合可以通过教材改编、理论学习与实习实践活动相结合、重建专业课程评价体系等多种形式来进行。一是通过教材系统改编，教育大纲对综合素养及专业能力提出相应要求，在知识传授的过程中注重各项综合素质的养成，特别是品德素质，加强提高教育的针对性。二是育人过程中将理论学习同专业实习实践相结合，加强教育的理论性和实践性。三是重建专业课程评价体系，对学生除专业技能评估之外加以综合素养的要求，以保证教育的实效性。一方面，由教育者深入理解二者结合的重要性并有效灌输给学生，从而有的放矢地进行"课程思政"教育；另一方面，教育者应尽力引导同教育对象，使双方教与学的活动形成双向互动，这有利于帮助教师及时调整教育方式，提高育人效果。

总之，思政理论课指导下的"三位一体"地方高校"课程思政"体系，必须将思想政治理论课、专业教育课、综合素养课和"第二课堂"中的一切积极因素进行有机整合，形成良性互动，实现思想政治教育的最佳效果。

（五）教材建设是"课程思政"内容建设的重要依托

教材、教师、学生是课堂教学活动的三种基本要求，也是教学质量生成的三种基本要素。它们从不同角度，不同层面对教学活动和教学质量产生决定性、根本性、实质性的影响。教材是"课程思政"的重要内容，是教育教学的重要依托。教什么，怎么教，建设什么样的教材体系，既是国家意志的体现，又是研究育人的本质问题的必然要求。

主干课程教材、意识形态属性较强的哲学社会科学教材和其他课程的教材都要体现知识的价值导向。加强教材建设的同时，必须创新学科体系、学术体系、话语体系，教材内容上尽力避免"大话、空话、套话、假话"，增强学生对教材的亲近感。为此要集中骨干教师力量，统筹优势资源，推出高水平的教材，国家要严格把关，必须选用符合国家标准的教材。只有这样，才能在教学的三种基本要素中做好基础工作。

二、地方高校"课程思政"教育方法体系构建

方法体系是"课程思政"教育取得实效的重要因素，必须加以重视。目前，地方高校根据课程体系的实际情况，探索行之有效的"课程思政"教育方法体系。

（一）构建"课程思政"的中国话语体系

话语权是指一种信息传播主体的潜在的现实影响力，狭义上说，是指影响社会发展方向的能力。对话语权的争夺古来有之，二战后的话语权的斗争集中表现为争夺意识形态主导权。西方敌对势力一直凭借强势地位的话语权，打压甚至颠覆社会主义国家，或推行"和平演变"战略。东欧剧变以后，我国成为其主要针对目标，西方价值观念正在潜移默化地影响我国青年一代。因此在新形势下做好思政教育工作，推广"课程思政"，必须在高校建立中国话语体系，消除敌对势力带来的不良影响。

所谓中国话语体系，是指以马克思主义思想和中国的实践经验为基础，能够适应新时代、具有本土特色、能与世界对话的话语体系。构建中国话语体系，营造中国氛围，是真正实现"课程思政"教育效果的重要前提。

要做好高校"课程思政"的中国话语体系构建，核心要素是要彰显对当代中国的核心价值观的认同，引导学生坚定"四个自信"，实现专业话语体系与价值话语体系的融

合。① 在"课程思政"教育教学过程中，通识课程要在尊重课程教育规律前提下实现价值理念的自然渗透。

专业课程教育要体现科学发展中的中国范式和中国理论。在第二课堂和文化建设中，要注意营造"中国特色"，讲好中国故事，构建浓厚的中国氛围。而思政理论课可以引导学生阅读能够体现马克思主义中国化的文本，引导学生以马克思主义观点对西方经典文献进行批判性解读等。

（二）打造适应于地方高校"课程思政"的线上线下系列化课程

习近平总书记在全国高校思想政治工作会议上强调，"要用好课堂教学这个主渠道"，② 课堂教学依然是思政教育的主要渠道，"课程思政"这一新概念也离不开课堂教学。既然是课堂教学，那么不管是什么教育，都遵循着一定的价值理念，在教育过程中，又需要培育和塑造既定的价值观念。因此，要想做好课堂思政，必须打造适应于"课程思政"的系列化课程。

在新时代背景下，地方高校应积极探索和创新"课程思政"的教学模式，构建线上线下相结合的系列化课程体系，以培养德才兼备、全面发展的高素质人才。具体而言，课程设计应紧密结合地方经济社会发展需求，将地方文化、历史、经济、社会等资源融入课程内容，增强课程的地域性和实践性。例如，"'地方历史文化与思政教育'课程可以介绍地方的历史沿革、文化传承、名人故事等，结合马克思主义理论，探讨地方文化在社会主义现代化建设中的作用"。③ "教学方式可以采用线上视频讲座与线下实地考察相结合的方式，邀请地方文史专家录制视频讲座，组织学生参观当地博物馆、历史遗址等，增强学生的直观感受和情感共鸣。以某地的红色文化为例，通过实地考察和访谈，让学生深入了解革命先烈的英雄事迹，激发爱国情怀和奋斗精神"。④ 再如"地方经济发展与思政教育"课程可以分析地方经济发展的现状和前景，结合国家政策和地方规划，探讨如何在新时代背景下推动地方经济高质量发展。教学方式可以采用线上案例分析与线下企业调研相结合的方式，通过线上平台分享成功企业的案例，组织学生到当地企业进行实地调研，了解企业的运营模式和管理经验。以某地的高新技术产业为例，邀请企业负责人进行线上讲座，介绍企业在技术创新和市场开拓方面的经验和成果，引导学生

---

① 周海晏. 课程思政教育中的中国话语建构 [J]. 思想政治课研究，2018(6)：74-77.

② 习近平. 在全国高校思想政治工作会议上强调：把思想政治工作贯穿教育教学全过程开创我国高等教育事业发展新局面 [N]. 人民日报，2016-12-9(1).

③ 王明华. 地方文化与思政教育的融合路径探析 [J]. 高等教育研究，2021，42(5): 67-72.

④ 李晓东. 红色文化在高校思政教育中的应用研究 [J]. 思想政治教育研究，2020，36(3): 89-94.

树立创新创业意识。"为保障课程的顺利实施，地方高校应加强师资队伍建设，提升教师的思政教育能力和信息技术应用水平，鼓励教师参与课程开发和教学改革。"①同时，搭建线上线下一体化的教学平台，提供丰富的教学资源和技术支持，确保教学活动的顺利进行。建立科学合理的评价体系，综合考虑学生的理论知识、实践能力和综合素质，激励学生积极参与"课程思政"学习。加强与地方政府、企业和社区的合作，引入外部资源，丰富课程内容，拓展学生的实践平台。通过构建适应地方高校特色的线上线下系列化课程，可以有效提升"课程思政"的教学效果，培养学生的综合素质和创新能力，为培养德才兼备、全面发展的新时代青年贡献力量。

（三）有效利用"第二课堂"的多种形式进行"课程思政"教育

"第二课堂"形式多样、时空范围广，内涵外延和深度广度都是课堂教学所不能比拟的，在实现"课程思政"教育效果的过程中，要善于利用第二课堂的社会实践活动，按照人才培养目标，在学习理论知识的基础上，有目的、有计划地组织学生利用节假日等课余时间参与社会政治、经济、文化生活的教育活动。社会实践是思想政治教育的一种非常有效的途径，早在我国教育体系初建时期，党和国家就出台文件强调实践活动对于人才培养的重要意义。大学生通过社会实践，通过接触、了解和服务社会不断提高综合素质以及科学精神、创新意识和解决实际问题的能力，从而促进人的全面发展，因此社会实践活动是地方高校思想政治教育不可或缺的重要组成部分。

在新时代提高当前高校思想政治教育的有效性，党和国家也充分认识到了实践育人的重要性。目前共青团中央在高校推行的"第二课堂成绩单"制度，就很好地提高了大学生综合素质、深度融入教育改革发展、服务国家经济发展大局，例如各高校每年利用假期开展大学生"三下乡"活动，通过志愿服务、社区基层锻炼、文化下乡等多种多样的形式积极探索实践育人新模式，从而提升高校思想政治教育的效果，有效解决形式与内容的统一，理论和思维之间有效转化，从而实现当代大学生的"知行合一"，将理论学习与行为转化有机结合起来，促进思想政治教育的效果。

（四）利用优秀传统教学法进行"课程思政"教育

"课程思政"是思政教育的新概念，但是在实际教育教学过程中，也要善于利用传统教学方法中的有效内容。传统思政教育中除了灌输法之外，还有理论联系实际、启发式教学、开放式教学和跨学科教学等一系列教学方法，都可以为"课程思政"所用。

---

① 陈晓燕.新时代高校思政教师队伍的建设与管理 [J]. 教育发展研究，2021, 41(6): 56-61.

课程思政通过各种课程进行思政教育，灌输一定的价值理念势在必行，只有在灌输一定知识的基础之上，才能开展理论联系实际的思想政治教育引导工作。实现理论联系实际一个很好的方法就是启发式教学，教师可以针对课程中蕴含的思政元素提出问题，引导学生思考并各抒己见，教师做好引导和拔高，真正实现理论联系实际。开放式教学法也可以借鉴"第二课堂"教育模式进行改造，真正发挥出开放式教学法的有效性。

此外，重视心理学方法与"课程思政"的有效结合，要重视教学过程中师生的心理活动，既要重视有意识心理作用，也要重视无意识心理作用，既要善于进行"说理动情"，也要善于运用暗示、体验、移情、感染、模仿、认同等心理学方法进行思政教育。要重视构建起民主平等的"课堂思政"课堂，发挥教师教书育人的主导作用，以自身的道德素质、人格魅力、渊博的知识和平和的态度激励和感染大学生，让学生愿意接受"课程思政"教育，最终实现思政教育的预期效果。例如，"地方社会治理与思政教育"课程可以采用案例教学法和讨论法，探讨地方社会治理的模式和经验，结合社会治理理论，分析如何构建和谐社会。通过某地的社区治理，邀请社区工作者进行分享等具体案例，介绍社区治理的成功经验和面临的挑战，组织学生参与社区环境整治、助老助残等活动，提升学生的实践能力和服务意识。[①]

总体来说，"课程思政"是一个新概念，其有效推行的办法也在不断试探摸索中，但是在构建"课程思政"方法体系中，既要善于根据新形势探索新教育方法，又要对传统教育方法进行时代化改造，并坚持已经被证明有效的传统教学方法，这样才能真正构建起"课程思政"教育方法新体系，实现思政教育新突破。

三、地方课程思政教学评价指标体系的构建

（一）构建地方高校课程思政教学评价指标体系的基本前提

构建地方高校课程思政教学评价指标体系首先要明确谁来评、评价谁和如何评三个问题。谁来评，即要确定评价主体，这关系到评价指标体系是否可信和有效的问题；评价谁，即要明确评价客体，这关系到评价指标体系是否具体可行、有针对性；如何评，即要明确评价方法，这关系到评价指标体系是否可用的问题。只有先回答了这三个问题，才能切实开展指标体系的构建。

谁来评：按照评价主体在评价课程思政时所处的地位和发挥作用的不同，可以将其分为四类：管理主体、实施主体、受教主体和社会主体。当前课程思政建设成效已成为

---

① 刘静. 社区治理与高校思政教育的融合路径 [J]. 社会科学论坛 , 2022, 28(1): 103-108.

我国"双一流"建设评价、学科评估、高校教学绩效考核的重要内容，因此地方高校课程思政建设的评价主体可以是国家教育部门、地方政府和学校管理者等管理主体。教师是课程思政的建设主体同时也是课程思政教学的施教主体，因此教师理应作为评教主体，其中教师对课程思政教学的评价可以是自评也可以是同行评价，这对改进课程思政教学具有直接作用。学生作为受教主体，同时也是课程思政教学的直接参与者之一，他们对自己在教学活动中发生的变化、成长最清楚，因此，他们也可以作为评价主体之一。由于学生在思想层面、价值观念方面受到的影响会伴随他们离开学校迈入社会，体现在以后的工作、生活中，因此社会也是课程思政教学评价的主体。

评价谁：课程思政评价的客体众多，可以是学校、专业、课程、教师和学生。[①] 学校是推进课程思政建设系统性、全局性的领导主体，专业是课程思政建设的有机载体，课程是课程思政建设的主战场，教师是推进课程思政建设的主力军，学生是课程思政建设的直接受益体。因此，他们都可以作为评价客体。而对于课程思政教学评价，进一步将视角范围缩小，更多强调从教师和学生的角度来评价。评教师，评学生。课程思政涉及所有课程的老师，包括专业课、公共课、政治理论课的任课教师，所有人都有责任开展课程思政教学，因此评价的客体包含了高校所有任课教师。具体评价教师是否巧妙地将知识、技能、思想三者有机融合，在融入思政元素时，方式是否恰当、是否易于学生接受等。学生的成长和收获是教师教学效果的重要体现，评学生主要是评价学生的学习成效。学生是否意识到自己肩上的使命与责任、是否具有正确的世界观、人生观和价值观等。

如何评：过程性评价与终结性评价相结合。过程性评价与终结性评价都是课程思政评价的重要组成部分。过程性评价注重将评价贯穿到课程思政教学全过程中，这一阶段注重考查教学内容中是否与时俱进地融入时政热点、是否融入法律法规和职业道德规范的内容、是否融入社会主义核心价值观等内容，以及融入这些内容是否运用了案例、情景、讨论等多种教学方法。由于过程性评价侧重于对教师教的行为的评价，因而在过程性评价中采用施教主体自评和受教主体评施教主体的内部评价法。教师自评可以对自身教学情况进行反思，学生评价不仅能够帮助教师及时了解学生情况及时作出调整和改进，还能避免过于重视学生对知识、技能的掌握而偏离课程思政的目标。而终结性评价则是一种基于成果导向的评价，通俗地说即重视结果。学生的学习成效是课程思政教学评价中不可忽略的重要部分，这一阶段侧重评价学生对学业、专业、做人的态度，对国家社会

---

① 王岳喜.论高校课程思政评价体系的构建[J].思想理论教育导刊,2020(10)：125-130.

的关注度和认同感等。而评价学生的学习成效通常以预设教学目标为参考，通过检验学生的收获与成长是否达到预期目标，对课程思政教学活动的全过程作出最终评定。因此终结性评价中多采用管理主体评价、同行评价的外部评价法。由于学生学习成效涉及情感、态度、价值观等方面，评价时以访谈、观察为主，也可以发放一些有关学生对世界、国家、社会、学业等方面的态度的问卷。

（二）构建地方高校课程思政教学评价指标体系的理论依据

1. 相关政策法规的依据

2018 年习近平总书记在全国教育大会上指出，教育是国之大计，党之大计，坚持立德树人，要加强学校思想政治工作，培养一代又一代拥护中国共产党领导和立志为中国特色社会主义事业奋斗终身的有用人才。学校要努力构建德智体美劳全面培养的体系，实施德智体美劳全面发展的教育方针，促进人的全面发展。其中，应当把德育放在育人工作的首位，要在加强品德修养上下功夫，引导学生培育和践行社会主义核心价值观，成为有大爱大德大情怀的人。同年，教育部对我国《高等教育法》进行修订，第一章第五条中新增加"社会责任感"作为高等教育的人才培养要求。[①] 其中的"社会责任感"就是"立德树人"中"德"最重要的内容之一。[②] 2020 年，教育部印发的《高等学校课程思政建设指导纲要》（简称《纲要》）为落实立德树人的根本任务，提出要切实把教育教学作为最基础、最根本的工作，深入挖掘各类课程和教学方式中蕴含的思想政治教育资源，并且明确了课程思政建设的内容必须紧紧围绕坚定学生理想信念，以爱国、爱党、爱社会主义、爱人民、爱集体为主线，围绕政治认同、家国情怀、文化素养、宪法意识、道德修养等重点优化课程思政内容供给。[③] 2022 年，教育部等十部门印发的《全面推进"大思政课"建设的工作方案》中指出，全面推进课程思政高质量建设。教育部组建高等学校课程思政教学指导委员会，研制普通本科专业类课程思政教学指南，组织开展高校教师课程思政教学能力培训，建设一批课程思政系列共享资源库。建成一批课程思政示范高校，推出一批课程思政示范课程，选树一批课程思政教学名师和团队，建设一批高校课程思政教学研究示范中心。[④]

---

① 中华人民共和国高等教育法 [EB/OL] .2015-12-28.http//www.moe.gov.cn/s78/A02/zfs__left/s5911/moe_619/201512/t20151228_226196.html.

② 伍醒，顾建民．"课程思政"理念的历史逻辑、制度诉求与行动路向 [J]. 大学教育科学，2019(3)：54-60.

③ 教育部关于印发《高等学校课程思政建设指导纲要》的通知 [EB/OL]. 2020-6-3.
http://www.moe.gov.cn/srcsite/A08/s7056/202006/t20200603_462437.html.

④ 教育部等十部门关于印发《全面推进"大思政课"建设的工作方案》的通知 [EB/OL].2022-8-10.
http://www.moe.gov.cn/srcsite/A13/moe_772/202208/t20220818_653672.html.

"课程思政"肩负着"立德树人"的时代使命，同时它所倡导的精神正是社会主义核心价值观倡导的精神，是国家意志在高等教育中的体现。可以说课程思政从本质上就具有较强的政治导向性，因此在构建课程思政教学评价指标时需要首先考虑指标的政治导向性，上述政策文件提出了课程思政的教育教学目标，为构建课程思政教学评价指标规划了主要内容框架，是本文指标体系的中心和标准。

2. 人的全面发展理论

马克思提出的人的全面发展包括三个方面：第一是人的体力和智力的充分统一发展；第二是人的才能和志趣的多方面发展，其中包含了人的物质活动和精神活动两个层面；第三是共产主义道德的发展。当这三个方面得到满足，那就意味着"人以一种全面的方式"，"作为一个完整的人，占有自己的全面本质"。[①]

从某种意义上说，当今世界各个国家都把培养全面发展的人作为本国的教育目的，只不过是全面发展的具体内容不同。随着我国进入中国特色社会主义新时代，人的全面发展理论也被赋予了新的时代内涵。在新时代的背景下，人的全面发展指德智体美劳的全面发展，其中以德为统领，尤其注重培养学生的人生观、世界观及价值观。自从有了社会分工，人们通常会以某种特定的方式进入社会的某一行业或专业中，随着社会文明的不断发展，分工也更加细致。为迎合社会发展到一定阶段的客观要求，诞生于专业化背景下的高等学校也不得不将学科和专业划分得更加精细，尽管学科细化有助于学科往纵深发展，以培养大量专业人才，但是因对分化的错误理解，造成了人文社会科学和自然科学的巨大分离，进而破坏了人的全面发展的教育目标，主要表现在两方面，一是由于单个的人接受的知识面太窄，太细，只具备从事某一具体职业的能力而不能很好地应对职业之外的事务。二是在工具理性的引导下，人们更多地关注看得见、有实际意义的知识，而忽略了个人的情感、态度、价值观等隐性内容。而课程思政就是要衔接上人文与科学之间的断裂，在二者之间搭建桥梁，使其融通，相互促进，共同发挥人文教育与科学教育的育人功能，促进人的全面发展，培养德才兼备的接班人。正如龚育之教授所说："我们提倡的人文精神应该是具有现代科学意识的人文精神，我们提倡的科学精神应该是充满高度人文关怀的科学精神。"[②]课程思政的目标与人的全面发展理论相呼应，为实现这一目标，课程思政的内容、方法与育人效果也应贯彻这一理论，因此教学内容、教学方法和教学效果指标构建时也注意贯彻人的全面发展理论。

① 扈中平.人的全面发展：历史、现实与未来[M].成都：四川教育出版社,1988：76-87.
② 龚育之.对新世纪科技发展的人文思考——兼论所谓反对科学主义[J].理论前沿,2001(7)：3-7.

（三）地方高校课程思政教学目标模型的建立

在当今教育体系中，课程思政教学已成为高校教育的重要组成部分，尤其在地方高校中，其作为培养高素质人才的重要基地，构建科学合理的课程思政教学目标模型具有重要的理论和实践意义。首先，需要对课程思政教学的理论基础进行系统梳理。课程思政的概念最早是强调教育过程中价值观念的传递和意识形态的引导。近年来，国内学者对课程思政的研究逐渐深入，形成了多维度的理论框架。其中，以马克思主义理论为指导，结合中国特色社会主义的教育方针，成为课程思政的核心理念。此外，国内外关于课程设计、教学目标设定的研究成果也为构建课程思政教学目标模型提供了重要参考。例如，马克思主义理论为课程思政提供了坚实的理论基础，强调在教育过程中不仅要传授知识，更要引导学生树立正确的价值观和世界观。中国特色社会主义教育方针则强调教育的人民性和时代性，要求教育内容和方法必须符合国家和社会的发展需求。这些理论基础为地方高校课程思政教学目标模型的构建提供了方向和依据。同时，国内外学者在课程设计和教学目标设定方面的研究成果也为模型的构建提供了丰富的经验和方法。例如，国外学者提出的"全人教育"理念，强调教育不仅要关注学生的知识和技能，还要关注其情感、态度和价值观的发展。国内学者则结合中国国情，提出了"立德树人"的教育目标，强调教育要培养具有高尚品德和强烈社会责任感的人才。这些理论和实践成果为地方高校课程思政教学目标模型的构建提供了重要的参考和支持。

课程思政教学目标模型的构建应体现层次性，包括知识目标、能力目标和价值目标。知识目标主要涵盖思想政治理论的基本知识和原理，如马克思主义基本原理、中国特色社会主义理论等，旨在为学生提供扎实的理论基础。能力目标则侧重培养学生的批判性思维、问题解决能力及社会实践能力，通过专题研讨、案例分析等方法，帮助学生提高分析和解决实际问题的能力。价值目标旨在引导学生树立正确的世界观、人生观和价值观，通过实践活动模块，增强学生的社会责任感和实践能力。通过这三者的结合，形成一个完整的教学目标体系。为了实现上述教学目标，课程思政的内容需要进行模块化设计。具体可分为以下几个模块：基础理论模块，包括马克思主义基本原理、中国特色社会主义理论等基本政治理论，为学生提供坚实的理论基础；专题研讨模块，围绕社会热点问题、重大历史事件等展开讨论，培养学生的分析和判断能力；实践活动模块，通过社会实践、志愿服务等活动，增强学生的社会责任感和实践能力；案例分析模块，选取典型事例进行分析，帮助学生理解理论与现实的结合点。针对不同的教学模块，应采用多样化的教学方法，以提高教学效果。具体方法包括：讲授法，适用于基础理论的传授，确保知识的系统性和全面性；讨论法，适用于专题研讨，激发学生的思维碰撞和观点交流；

案例教学法，通过实际案例的分析，帮助学生掌握理论应用的技巧；体验式教学法，通过模拟场景和角色扮演等方式，增强学生的参与感和体验感。这些教学方法的综合运用，有助于提高课程思政教学的针对性和有效性，更好地实现教学目标。

在具体实施过程中，应根据地方高校的实际情况，制定切实可行的教学计划。首先，应加强师资队伍建设，提高教师的政治素质和业务能力，确保教师能够胜任课程思政教学任务。其次，需完善教学资源，丰富教材内容，并利用现代信息技术手段提升教学效果，如开发多媒体课件、在线课程等，增强教学的互动性和趣味性。最后，要注重课堂教学与课外活动的有机结合，营造良好的育人环境，通过举办讲座、论坛、参观考察等活动，拓宽学生的视野，增强其综合素质。建立科学的评价机制是保证课程思政教学效果的关键。评价体系应包括以下几个方面：学生反馈，通过问卷调查、座谈会等形式了解学生对课程的意见和建议，及时调整教学策略；教学督导，设立专门的教学督导组，定期检查和评估课程实施情况，确保教学质量；成果展示，鼓励学生将学习成果转化为论文、报告或艺术作品，进行展示和交流，增强学生的成就感和自信心；量化考核，制定具体的考核标准，对学生的学习表现进行量化评估，确保评价的客观性和公正性。通过这些评价机制，可以全面、准确地评估课程思政教学的效果，及时发现和解决问题，不断优化教学内容和方法。构建地方高校课程思政教学目标模型是一项复杂而系统的工程，需要结合地方特色和学生需求，凸显思想政治教育的核心地位。

（四）地方高校课程思政教学评价指标体系的初步设计

课程思政的目标是实现立德树人，以该目标作为课程思政评价的首要标准是毫无疑问的，但是它并没有明确回答到底要培养什么德，树什么人，因此对于课程思政教学评价而言，这一标准较为宏观、抽象，按此标准进行评价，评价效果可能会打折扣。而课程思政教学目标正是课程思政目标在教学中充分且具体的体现，它能够给出一个更加具体可行、能够直接指导构建课程思政教学评价指标体系的标准。培养具有家国情怀、道德品质和文化素养的人是课程思政教学的目标，因此在构建指标体系时注重将这一目标贯穿到整个指标体系中，为实现这一目标应该教授什么样的教学内容、以什么样的教学方法来传授这些内容、最终会取得什么样的教学效果，基于对这些问题的思考，初步构建了由3项一级指标，25项二级指标构成的高校课程思政教学评价指标体系。

1.一级指标的设立依据及内涵解析

高校课程思政教学评价指标体系的三个一级维度"教学内容""教学方法""教学效果"设立的依据主要源于两方面：一是根据文献综述中前人对课程思政教学评价指标体系的

维度划分；二是根据《高等学校课程思政建设指导纲要》为主的相关政策法规对高校课程思政建设提出的要求，包含教学内容、教学方法和教学效果。其中，教学内容中的思政元素是否被有效挖掘是衡量课程思政教学成效的前提条件，教学方法是否有效是检验课程思政教学成效的现实基础，学生的成长与发展是检验课程思政教学成效的有效标准。因此本研究将教学内容、教学方法、教学效果作为高校课程思政教学评价指标体系的三个一级指标。

教学内容属于教学层面的概念，是指在教学过程中向学生呈现和传递的一切知识，[①]通俗的理解就是教什么的问题，而教什么直接受到教学目标的限制。因此"课程思政"教学内容的设定应以"课程思政"的教学目标为准绳。过去思政课程的重心在于培养人的政治导向、道德品质，因此在教学内容上侧重思想政治理论教育；而今天的"课程思政"注重知识传授与价值引领的同频共振，要培养的是既讲政治、讲立场，还讲能力、讲学识和讲智慧的社会主义的建设者和接班人，即要培养前文中谈到的有家国情怀、道德品质和文化素养的德才兼备的人。因此，教学内容兼顾政治认同、宪法法治意识，也注重家国情怀、文化素养、道德修养等内容的供给。[②]

总的来说，"课程思政"与思政课程在目标上存在一定的差异，二者在教学内容上也有不同。最大的不同在于课程思政实现知识传授与价值引领相结合的目标要以专业课程为载体，而不是仅仅依靠思政课。因此，构建课程思政教学评价指标体系时，应坚持价值引导建立在专业知识传授的基础上，而不能脱离知识只谈价值。关于教学内容中"知识传授与价值引领的融合"，它一定是实质性的融合、深层次的融合和自然化的融合。首先，所有的课程都具有丰富的育人资源，这为二者的融合提供了可能，但要避免流于形式，实现真正的融合，需要补充知识层面才能凸显价值引领的效力；其次，针对不同的学科或专业，充分揭示其内涵，深度挖掘其中的育人元素；最后，专业课程中实现知识与价值融合，应当立足于专业课程来选择思政元素，而不能本末倒置，这样才能在知识传授的过程中自然地实现价值引领。

教学方法是一种艺术的方法，它受各种目的明确地指引而行动。[③]

教学方法并非与教学目标无关或外在于教学目标，相反，它首先取决于教学目标。[④]

---

① 俞红珍. 课程内容、教材内容、教学内容的术语之辨——以英语学科为例 [J]. 课程·教材·教法，2005(8)：49-53.
② 教育部.《高等学校课程思政建设指导纲要》的通知 [EB/OL].2020-5-28.http://www.gov.cn/zhengce/zhengceku/2020-06/06/content_5517606.htm.
③ 杜威. 民主主义与教育 [M]. 陶志琼，译. 北京：中国轻工业出版社,2016：172.
④ 王能东. 高校思想政治理论课教学论 [M]. 北京：人民日报出版社,2017：95.

课程思政的目标是培养担当民族复兴大任的时代新人，培养德智体美劳全面发展的社会主义事业的接班人和建设者。因此在课程思政教学过程中，选择教学方法时需要充分考虑课程思政的教学目标，并以该目标为指向；其次，方法主要是为了运用某种材料而实现某种目的。①

教学方法受制于教学内容的影响，教学内容的性质不同，使用的教学方法也不尽相同。课程思政不是单独的一门课程，而是一种课程观念，它要求所有课程共同发挥育人功能，因此课程思政的教学内容不同于专业课或思想政治理论课，它不仅包含了专业知识，也包含了思政元素，因此，在选择教学方法时，既要实现专业知识传授的系统性，又要完成价值引领的隐蔽性；最后，教学方法是教师和学生双边活动的纽带，方法再好，没有学生的参与，教学活动也是没有意义的。当前思政教育没有取得好的教学效果，其中一个原因就是教学方法的不当运用。而课程思政要弥补这一缺陷，选择教学方法时需要考虑学生的特点，选择学生喜闻乐见的教学方法会起到事半功倍的效果。正如习近平总书记指出的"推动思想政治理论课改革创新，要不断增强思政课的思想性、理论性和亲和力、针对性"。②

教学效果评价是对预期教学目标达成度的价值判断。有学者认为对于课程思政教学效果的评价应该是对课程思政人才培养的效果作出的总体价值性判断。③而前文建立的高校课程思政教学目标三维模型，恰好为评价课程思政的教学效果提供了行动指南和价值标准。课程思政的人才培养目标是实现立德树人的根本任务，把学生培养成有家国情怀、道德品质、文化素养的人才。课程思政的落脚点在学生，因此在对课程思政的教学效果进行评价时，要坚持将课程思政教学目标作为价值导向，以学生成长和发展为准绳，通过评价学生是否具备家国情怀、道德品质及文化素养几方面来评价课程思政的教学效果。④

2.二级指标的设立依据及内涵解析

一级指标"教学内容"下设"马克思主义理论""党史国史""基本国情及国家大政方针""国际政治局势""职业道德规范""法律法规""中华优秀传统文化""社会主义核心价值观""思维方法"9个二级指标。上述9个二级指标主要是围绕《纲要》中要求的政治认同、家国情怀、文化素养、宪法法治意识、道德修养等内容展开。长期以来，专业课程注重学科合法性，过于强调专业知识对人才培养的重要性，在一定程度

---

① 杜威.民主主义与教育 [M].陶志琼，译.北京：中国轻工业出版社,2016：169.

② 张烁.用新时代中国特色社会主义思想铸魂育人贯彻党的教育方针落实立德树人根本任务 [N].人民日报,2019-3-19(1).

③ 李铁安.围绕"四个评价"展开课堂教学评价 [N].中国教育报,2020-7-29.

④ 杜震宝,张美玲,乔芳.理工科课程思政的教学评价原则、标准与操作策略 [J].思想理论教育,2020(7)：70-74.

上忽视了人才培养的全面性。而课程思政的提出，就是要打破学科专业与思政教育的对立与分割，实现专业教育目标与思政教育目标的有效衔接，从而实现教学育人功能最大化。①要实现教学育人功能最大化，就需要根据不同学科专业的特点，从国际、国家、历史、文化、行业等多角度挖掘教学内容。

基于上述分析，提出以下课程思政教学内容评价的二级指标，马克思主义理论是构成习近平新时代中国特色社会主义思想的重要理论基础，学习马克思主义理论能够坚定自己的政治信仰；通过学习党和国家建设过程中的重大历史事件和作出杰出贡献的人物的先进事迹，能够鼓励广大青年学生将自身命运与国家命运联系起来；党史国史是大学生作为国家公民应该掌握的基本知识，胸中装有党史和国史能够使大学生时刻怀有对党和国家的自豪；了解基本国情和国家大政方针有助于新时代大学生认清我国的基本现实，并深刻意识到自身的时代使命和责任；认清国际政治局势，有助于大学生看到我国当前在国际上面临的挑战，同时通过对国际国内的政事比较，明白中国的制度优势；职业道德规范和法律法规是一个大学生成长为合格公民必须要学习的内容；中华优秀传统文化是中华儿女 5000 年的思想积淀和智慧源泉；社会主义核心价值观是国家和民族的精神追求，也是社会评判是非曲直的价值标准。②

思维方法是关于如何科学有效地分析问题和解决问题的方法，也是衡量当代大学生素质和才能的一个重要标准之一。总的来说，上述内容都是紧紧围绕课程思政教学目标来设计的。

一级指标"教学方法"下设"讲授""直观演示""言传身教""课堂讨论""案例剖析""情景教学"6 个二级指标。课程思政的教学方法和普通课堂的教学方法并没有不同，正如潘懋元先生所讲的"从本质上讲，教学方法所依据的基本原理是一致的……关键在于它的指导思想和服务的目标。"③因此课程思政教学方法的二级指标主要是对已有文献中课程思政教学成功经验的归纳，主要有直接传授和间接情浸两种，其中直接传授包含讲授和直观演示。讲授就是教师挖掘专业知识中蕴含的思政点并口头传授给学生；直观演示则是通过多媒体等直观教具向学生展现专业知识中蕴含的思政元素。如果有人质疑直接传授的育人效果，认为它是冰冷的、按部就班的，那么间接情浸的方法则更加具有说服力，因为它有温度、更能直击人心。例如，教学过程中教师对教学的严谨务实、

① 杨晓慧. 高等学校课程思政建设（笔谈）[J]. 教育研究,2020(9)：16-19.
② 习近平. 青年要自觉践行社会主义核心价值观：在北京大学师生座谈会上的讲话 [N]. 人民日报,2014-5-5(2).
③ 潘懋元，王伟廉主编. 高等教育学 [M]. 福州：福建教育出版社,1995：204-205.

精益求精，及指导学生时的耐心、细心和责任心，课堂上师生之间、生生之间激情讨论，都是课程思政所追求的天然构成，是讲授和直观演示无法企及的。①

这里的间接情浸就是借助一定的载体，营造一定的氛围激发学生的情感，引导学生将自己全身心投入其中，使其在不知不觉中受到价值感染和熏陶，与此同时学会自己思考，自我教育，逐步优化自身的思想价值观念。其中包括言传身教，教师用自身的人格魅力和言行举止率先垂范，做到以德立身、以德立学、以德施教，实现润物细无声的价值渗透。正如课堂讨论则是针对专业知识中具有价值争议的问题安排学生进行讨论，通过学生发表自己的看法，同时吸纳和批判他人的想法，进而形成自己的价值判断。案例剖析就是教师结合育人目标和所教学科特点引用典型案例，让学生就其学习研究，帮助学生在学习专业知识的同时，主动思考案例中蕴含的道德思想并将其内化为自己的价值理念。情景教学则是教师为学生创设具体、生动的道德情景，促使学生产生一定的情感体验，进而引发道德思考。②总的来说，以上教学方法与一般教学方法没有太大差异，仅仅是结合课程思政的教学目标适当调整。

一级指标"教学效果"下设"社会责任感""民族担当意识""全球意识""学习态度""诚实守信""遵纪守法""勤俭节约""乐于助人""批判能力""文化底蕴"10个二级指标。以上10个二级指标的划分依据来源于课程思政的教学目标，由于教学目标过于抽象，将其具化为上述10个二级指标。其中社会责任感就是一个人把自己融入社会，把对社会的关怀当成自己的责任；民族担当意识是指个体具有将自己的命运与国家民族的命运紧密相连的意识；全球意识就是用全球的视野去观察和认识世界，关注全人类的命运；学习态度是指出于对学业的热爱而全身心投入其中的一种工作态度；遵纪守法是每个公民应尽的社会责任和道德义务，大学生应该自觉遵守党纪法规，不仅要做到不做违法乱纪的行为，也要做到坚决抵制违法乱纪的行为；勤俭节约不仅是个人修养的一种体现，它对于维持家庭的稳定和国家的持续发展起着重要作用；中华民族向来就有乐于助人的美德，在社会主义和谐社会的今天，乐于助人理应成为个人的基本道德修养；批判能力就是学生在面对事物或者问题时，能够独立分析，提出有建设性的意见；文化底蕴则是指学生富含的学识修养。总的来说，上述二级指标是课程思政教学目标的具体体现。

---

① 沈壮海.在思想政治工作体系中理解和推进课程思政 [J].教育研究,2020(9)：19—23.
② 田慧生,李如密.教学论 [M].石家庄：河北教育出版社,1996：222.

第五章 "课程思政"实施的案例分析
——以"教育学""心理学""心理学咨询概论"为例

思政教育工作需要所有地方高校教育工作者共同努力，深入贯彻落实"立德树人"的理念，提高自身的"课程思政"能力水平，从而将受教育者培养成合格的社会主义接班人。本章将通过四川某地高校"思政课程"与"课程思政"协同育人创新路径介绍和该校三个省级"课程思政"示范课案例来向读者展示地方高校课程思政与思政课程共建共享路径。

一、西南民族地区某地方高校"思政课程"与"课程思政"协同育人创新路径

该高校始终坚持立德与树人、铸魂与育人相统一，持续深入推进"思政课程"与"课程思政"在贯彻"三全育人"教育理念上同心同力、同向同行。

（一）突破机制壁垒，构建层次合理、科学规范、运行有效的协同育人机制

一是构建上下联动、紧密协作的协同管理机制。学校层面、相关职能部门和二级教学单位都有自己的"责任田"，做好顶层设计，进行统筹安排，合理划分管、办事权，构建起主体明确、责任清晰、相互配合的多层级的协同管理体制。二是构建主体多元、共同参与

的协同合作机制。学校层面做到规划先行，有效整合各级各类资源，打造跨院系、跨专业"课程思政"品牌课程；相关部门和二级教学单位要强化"课程思政"意识，自觉把"课程思政"理念贯穿于管理服务或教学工作中。三是构建科学规范、导向明确的评价激励机制。根据育人目标要求，优化"课程思政"评估指标及权重，建立科学合理适用的评价指标体系。

（二）突破"课程思政"深入发展的新矛盾与新需求，构建科学合理的"大思政"课程体系

一是加强过程管理、强化目标导向，依据"课程思政"的教学目标要求，修订完善专业课程和通识课程的教学材料，切实把思想政治教育内容贯穿于课堂教学全过程各环节。二是延伸拓展课外课堂，开展社会实践、实习实训、创新创业和志愿服务等活动，创新思想政治教育载体。三是结合学校特色开展具体化价值观教育进而提升"课程思政"质量。该校地处凉山彝区，具有民族学生多、农村生源多等特点，始终坚持结合少数民族人文历史、风俗习惯、思维方式和语言特点进行"课程思政"建设，特别是要加强对中华民族共同体的历史渊源、理论基础和现实依据的挖掘，进一步培育民族学生对中华民族、对中华文化、对社会主义国家的认同意识。

（三）突破教学形式单一，实现思政元素与专业教学的有机融合

紧密围绕"懂、趣、情、德"四字要诀，通过创新性课堂开展教学工作：

1. 懂："胸怀大局"。坚持不懈用习近平新时代中国特色社会主义思想铸魂育人，切实增强"四个意识"，坚定"四个自信"，做到"两个维护"。

2. 趣："创新方式"。创新融媒体方式，运用好MOOC课程平台，注重发挥信息技术优势，营造好学乐学的教育氛围，提升学习者的岗位创新意识。

3. 情："情怀担当"。通过学校和师生间正能量故事讲述，强化学生家国情怀培养，强调把对家国的爱、对教育的爱、对师生的爱融为一体。

4. 德："立德垂范"。以学校师德先进典型案例为教辅材料，在课程教学中注重加强师德师风教育，引导学生自觉以德立身、以德立学、以德施教，形成为国育人、为党育才新典范。

（四）突破思政课教师与专业课教师双向协作不足，构建素质优良、优势互补、结构合理的师资队伍

注重提升骨干教师"育德能力"和"课程思政"教育教学技能，重视青年教师的选拔和培养，提高教师"课程思政"的认知度和认同感；建立人才资源信息库，整合校内

外人才资源，多措并举、引聘并行，打造一支多学科背景互相支撑、"教"与"学"良性互动的思想政治教育师资队伍。

（五）构建涵盖"背景评价—投入评价—过程评价—成效评价"的CIPP评价体系

高校课程教学评价体系是教学过程的风向标，是对实然的教学效果与应然的目标要求之间差距的衡量，关乎教师思想政治教育能力的评判和课程思政建设质量的反思。学校对标《深化新时代教育评价改革总体方案》的工作要求，从管理、施教、受教和社会四类评价主体出发，构建涵盖"背景评价—投入评价—过程评价—成效评价"的CIPP分析框架，并提出量化评价与质性评价结合、普遍性与针对性结合、诊断性评价与发展性评价结合的操作策略。

二、"教育学""课程思政"教学改革探索

"教育学"既是师范专业的公共必修课程，也是形塑师范生职业理想、教育情怀和培育教师专业素养的重要课程。

（一）教学目标

在"全员、全过程、全方位"育人的理念指导下，努力挖掘和整合"教育学"课程内部的"立德树人"元素，探索"知识传授与价值引领相结合"的有效路径，与思想政治理论课同向同行，形成协同效应，将马克思主义基本理论和方法贯穿教育教学全过程，将习近平新时代中国特色社会主义思想、共产主义理想信念、社会主义核心价值观、中国传统文化以及学校办学理念、校园文化、大学精神等，有机融入课堂教学，共绘育人"同心圆"，以为培养"有理想信念、有道德情操、有扎实知识、有仁爱之心"的好老师打下坚实基础。

（二）"课程思政"导向下的教学设计及课时安排

目前，地方高校"教育学"绝大部分使用的是马克思主义理论研究和建设工程重点教材《教育学原理》，共有十章内容，分别是：绪论，教育学及其发展；第一章，教育及其本质；第二章，教育与社会的发展；第三章，教育与人的发展；第四章，教育目的；第五章，人的全面发展教育；第六章，学校教育制度；第七章，课程；第八章，教学；第九章，教师与学生；第十章，教育科学研究。以四川某地方高校为例，"教育学""课程思政"教学改革探索基于OBE为导向，项目为驱动，案例问题为单元，挖掘和整合"教育学"课程"立德树人"的元素。

　　课时安排：本课程在第4学期开设，共48课时，周学时3课时。其中讲授40课时、讨论实践训练8课时（见表1）。

表1-1　"教育学"教学内容及课时安排

章节	主要内容	课程思政教学内容项目	各教学环节学时分配			作业题量	备注
			讲授	讨论	小计		
绪论	教育学及其发展	通过讲授、组织学生讨论国内外著名教育家的教育思想，观看我国改革开放后教育成果影像，让学生树立正确的中国化马克思主义教育理论观念，培养学生的理论自信意识	4	1	5	1	
第一章	教育及其本质	通过翻转课堂掌握教育的含义、起源、构成要素及发展形态。以"为什么社会主义教育的特点要以中国教育为基础来观察和分析？"为问题组织学生开展讨论，促进学生建立文化自信，增强对中国特色社会主义的理解	4		4	2	
第二章	教育与社会的发展	以OBE为导向，理解教育与生产力、经济、政治制度、文化之间的关系。树立人类命运共同体的观念。深刻把握人民日益增长的美好生活需要和不平衡不充分的发展之间的矛盾	3		3	1	
第三章	教育与人的发展	以案例讨论为主，让学生掌握人的发展的基本内涵，理性认识教育对人的发展的重要价值，辩证地认识遗传、环境、教育和个体实践等与人的发展的关系，进而践行社会主义核心价值观	3	2	5	1	

（续表）

第四章	教育目的	通过问题讨论让学生掌握教育目的的基本要求和素质教育的内涵，熟悉和理解我国教育方针的历史沿革和我国现时期教育方针的基本内容，增强学生的国家认同感	4	1	5	2	
第五章	人的全面发展教育	以案例呈现"五育"之间的关系，让学生能够辩证地理解"五育"在人的全面发展中的地位与作用。与思政课老师协同组织教学，培育和践行学生的社会主义核心价值观	4		4	1	
第六章	学校教育制度	通过小组讨论法和课堂PBL案例教学让学生了解我国及外国现代学制的沿革，熟悉我国当前的学制，增强学生的制度自信	3	2	5	1	
第七章	课程	通过翻转课堂掌握课程的定义、目标、内容等，理解21世纪我国的基础教育课程改革，为培育"四有"好老师服务	4		4	2	
第八章	教学	通过翻转课堂掌握教学的定义、教学的目标、教学组织形式、教学手段、教学方法、教学评价等内容，为培育"四有"好老师服务	4		4	2	
第九章	教师与学生	通过案例分析讨论，让学生掌握教师的权利与义务，班主任工作，学生身心发展、学生的权利与义务等，培育"立德树人"思想	4		4	2	
第十章	教育科学研究	通过实践，掌握教育科研的过程与方法，培养学生正确的科学观、科研观	3	2	5	1	
合　计			40	8	48	16	

表1-2 "教育学""课程思政"主要教学板块设计纲要

教学板块	"课程思政"教学目标	教学方法	"课程思政"教学设计	学时
教育在社会主义现代化建设中的地位与作用	理解教育作为国家发展的智力支撑和人才保障,对国家文化软实力的提升作用至关重要,关乎中国梦能否顺利实现。教育梦是实现中国梦的必要条件,也是其目标之一。若要实现中华民族伟大复兴的中国梦,优先发展教育、实施科教兴国和人才强国战略是必选根本途径。	同伴教学法、课堂PBL案例教学、小组讨论法	通过"3D打印技术运用在歼击机上"和"中泰两国在高铁领域的合作"两个案例让学生感受中国的强大,增强学生的国家认同感。通过讨论中国崛起的原因是什么,深刻理解习近平在党的十九大报告中提出的:从现在到2020年,是全面建成小康社会决胜期。要按照党的十六大、党的十七大、党的十八大提出的全面建成小康社会各项要求,紧扣我国主要矛盾变化,统筹推进经济建设、政治建设、文化建设、社会建设、生态文明建设,坚定实施科教兴国、人才强国等战略的重要性,以实现本板块的"课程思政"目标。	2
我国教育目的的基本要求	通过学习我国现阶段教育目的四点要求,培养担当民族复兴大任的时代新人。广泛开展理想信念教育,深化中国特色社会主义和中国梦宣传教育,弘扬民族精神和时代精神,加强爱国主义、集体主义、社会主义教育,引导学生树立正确的历史观、民族观、国家观、文化观。	翻转课堂、小组讨论法、同伴教学法	通过翻转课堂,课前组织学生学习我国现阶段教育目的四点要求,课上通过探讨以下三个问题:"我们要从哪些方面努力才能够成为社会主义建设者和接班人?新时代我们要着力发展哪些方面的素质?研究分析学校教育中存在的不利于甚至阻碍教育目的实现的现象,并探究其原因及对策。"实现本板块的"课程思政"目标。	2
掌握知识与思想品德教育结合的规律	通过学习教学的教育性思想,弘扬立德树人的思想,践行社会主义核心价值观。	教授法、小组讨论法、同伴教学法	通过讲授教学的科学性与思想性的辩证关系,让学生了解教学过程是一种特殊的认识和交往活动,是将人类积累的科学文化知识内化为学生的智能、情感、品德的过程。并组织同学讨论赫尔巴特所认为的"我不承认有任何'无教育的教学'",以实现本板块的"课程思政"目标。	2
教师职业与教师角色	培育新时代"四有教师",即有理想信念、有道德情操、有扎实学识、有仁爱之心	翻转课堂、同伴教学法、课堂PBL案例教学、小组讨论法	课前组织同学们学习习近平总书记关于新时代教师要努力做到的"三个牢固树立"和"好教师"的四条要求,课上以"张玉滚:担起乡村未来的80后教师"和"烛照深山——天梯学校教师李桂林、陆建芬"两个案例深刻讲解教师职业的特点和教师职业的意义。最后通过分组讨论"新时代教师角色的内涵",实现本板块的"课程思政"目标。	2

（三）"教育学""课程思政"建设路径

1. 借鉴"五个一"教学方法丰富教学手段

"五个一"教学方法以讲解一个深刻命题、介绍一位著名学者、联系一个现实性问题、推荐一部具有启思性的著作以及留一个有待思索的问题为基本思想内容。结合"教育学"课程性质，考虑到"应用性、地方性、民族性"培养目标，课程团队提出了构建"教育学"教学中"五个一"教学方法，即在"教育学"课程的课堂教学中，教师和学生可以通过如下方法论维度构建并完成教学目标：讲解、探究一个深刻的教育命题或教育理论；介绍并理解一位与学习内容相关的教育家；引进并联系教学所涉及的现实问题；推荐并分享一部相关教育著作；提出并设计一个有助于激发学生创新能力的教育思考题。

2. 积极开展"互联网 +"教学模式在教学中的应用

以"中国大学 MOOC（慕课）"学习平台中两门课程，即西南大学周琴主讲的"教育学原理"（课程学习网址：https://www.icourse163.org/course/SWU-1466013168?from=searchPage&outVendor=zw_mooc_pcssjg），河海大学陈滔娜主讲的"教育学"（课程学习网址：https://www.icourse163.org/learn/HHU-1449615172#/learn/content）为基础开展线上教学。任课教师在学生在线学习过程中要加强课前课后的课外辅导工作。任课教师至少提前 2 天通过课程学习群向学生发送学习任务，要求学生在规定时间内完成线上学习；注重学生学习过程的管理，开展在线交互式教学活动，组织小组教学，以教师主导、学生自主、助教帮扶等形式，进行关键知识点讲解、作业设计等教学活动，并提供实时辅导，提供线上答疑；利用后台学生学习大数据跟踪学生学习状况，预判学习趋势。每个线上教学资源在线交互式教学活动或线上答疑辅导不得少于 2 次，布置学习任务不得少于 1 次。

3. 强化"案例教学法"在课程建设中的作用

要求"教育学"课程的教师要在日常生活和阅读中保持对"教育学"问题的职业敏感，注重"教育学"教学相关案例的搜集、存储、整理，不断丰富完善更新自己的案例库，做"教育学"课程案例教学的有心人。教师进行案例选编时也要注意选取本土教学案例，发掘富有地方特色的、典型的本土教学资源，做到因地制宜，尽量弥补《教育学》教材中本土资源匮乏的缺陷，增强"教育学"课程的地域性、文化性，增强学生对本土教学资源的认知，提升学生的家国情怀素养。案例编制完成后，团队成员要对案例进行专业评估，综合分析判断该教学案例的质量，并在小范围学生内试用后根据学生反馈情况作出反思和适当的修正，最后才在"教育学"课堂中正式使用。

4. 整合团队资源，形成合力

"课程思政"建设既注重师资队伍内部各个成员之间学理的关联，又注重研究方向。学科之间的相互支撑，从不同的视角，构建多层次的课程建设体系，实现交叉学科师资队伍之间的有机结合，确保课程建设队伍形成最大的学术合力。本课程建设团队既有小学教育、应用心理学、学前教育专业带头人，又有长期从事教育心理学研究的专家，理论功底深厚，实践经验丰富。把课程思政的元素纳入考评范畴，并且不断吸纳年轻新进教师的加入，以激发团队活力，真正让每一位教师成为思政教育的重要成员，让"三全育人"的目标任务落实到每一位教育者的身上。教育学专业教师主要负责教育学理论部分教授；学科教学论教师和中小学学科教学指导教师负责指导学生深入中小学进行课程见习；辅导员负责学生课程学习、见习的组织、督促、检查；学生代表参与教学改革方案研讨与制定，对教学内容、教学方法、评价方法的改革提出意见与建议，并收集学生对课程实施的反馈信息。

5. 科教协同促教

结合实际需要，推动组建教学和研究紧密关联的教学模式，让教师发挥自身作用，做到相互促进，推动教学总体水平提升。同时不断建立健全完善的教研一体化体系，将教学能力的提升作为根本，将科研能力提升作为关键切入点，使科研能够为教学提供支持，科教协同促教，从而能够使科研和教学二者彼此相互促进、共同发展。目前，团队成员积极开展"基于 PI 理念教学模式开发""民族地区课程思政研究"等项目的研究工作。

6. 氛围营造

教师对学生的思想品德形成的影响取决于表率作用，品端身正是教师为师立教的根本标准和应有的重要师表风范。为此，团队成员不定期举行"习近平新时代中国特色社会主义思想"研讨会，并且充分发挥学院书记在思政教育方面的专业性，组织团队成员上好"思政课"，不断加强自身的思想品德修养，使他们在教学中严谨务实，追求真理，去伪存真，锐意创新，自觉清除思想"垃圾"。在教学过程中努力营造民主、自由、积极的师生关系。

经过不断探索，"教育学"课程充分发挥了课程育人功能，与思政课程同向同行，在学生思想教育方面取得"1+1>2"的效果。通过课程设计及教师的以身示范，引领当代大学生成为下有底线、上有追求的"四有"好教师，从而助力思想政治理论课、通识教育课、专业教育课等三位一体的思想政治教育课程体系的构建，推进"全员全过程全方位"育人工作。

（四）立德树人效果

1. 课堂主体让渡于学生

本课程实行了形成性和终结性评价相结合的课程考核方式。具体如下，总成绩由平时成绩和期末成绩组成，平时成绩占据 60%，期末成绩占据 40%。期末成绩为期末闭卷考试成绩，平时成绩具体如下：40% 的课外自主学习，根据小组学习自我评估表和练习题结果给分；50% 的课堂案例得分，教师提前向学生提供标准化的学习自评表和他评表，依据个体对小组学习讨论的贡献评分，评价标准细化到每个细节。然后根据小组学生自评、互评和教师评价三个评价综合并权重给分。学生自评、互评和教师评价分各占课堂案例讨论得分的 20%、20% 和 60%。剩下的 10% 的平时成绩由出席率构成。

2. 构建了广域"教育学"课程，增加学生的体验

从"全过程、全角度"的理念出发，将"教育学"课程教学延伸到学生见习、实习的实训过程，指导学生在教育实践中不断总结和反思，思考目前的新课程改革和学生核心发展素养的理念在一线教学中的实践程度，同时考察教育与政治、经济文化之间的关系，由此对"教育学"的内容有更深入的理解；同时学生也更好地理解了经济基础决定上层建筑、决定教育发展的政治经济学的精髓；进而对"事物是普遍联系"的辩证唯物主义观点有实践性认识。此外，通过策划"教育家雕塑""教育家事迹墙壁"等物质环境的构建，形成隐性课程，激发了师范生的职业认同感，形成教育情怀，坚定教育信仰，培育了服务于"让人民群众满意的教育"的优秀师资。

三、"心理学""课程思政"教学改革探索

"心理学"作为高校师范专业教师教育必修课，着力将习近平新时代中国特色社会主义思想、社会主义核心价值观、中国传统文化、抗疫精神、教师职业道德以及学校办学历史理念、大学精神等，有机融入课堂教学，共绘育人"同心圆"。

（一）教学目标

1. 知识目标

（1）理解并掌握心理学的基础知识、基本理论；掌握中学生学习心理发展的特点和规律；

（2）理解中学生生理、心理的特性和差异性；了解中学生心理健康的相关知识和方法；

（3）掌握课堂管理心理规律；理解教师心理健康，理解教师成长心理。

2. 能力目标

（1）能运用心理学原理和方法分析学生的心理和行为，特别是后疫情时代学生的心

理和行为；具有指导学生学习，设计教育教学活动，提高教学效率的能力；

（2）能采用心理学的理论和方法结合红军过凉山的革命史实，开展政治思想教育、心理教育，具有指导学生健康发展的能力；

（3）具有解决教师职业倦怠，调节压力，促进自己心理健康的能力。

3. 价值引领目标

（1）进一步确立辩证唯物主义和历史唯物主义的世界观；

（2）提高学生心理素质和社会适应能力，提高学生对人生、对生命的理解，热爱生活，积极向上。

（3）进一步增强理想信念，具有家国情怀，提升师德修养。

（二）"课程思政"导向下的教学设计及课时安排

1. 建设思路

（1）全程贯穿心理教育

心理教育是以培养与完善人格、提高人们的心理素质为目的教育，是高校人才培养体系的重要组成部分，也是高校思想政治工作的重要内容。师范专业开设的心理学课程，除了专章阐述有关心理教育的问题外，各章都贯穿了心理品质提升与辅导的具体内容和训练项目，全程心理教育也是本课程的特点之一。

（2）思政元素丰富深入

本课程建设在不改变教材体系和课程教学内容结构的前提下，基于OBE为导向，以学生为中心、实施任务驱动的案例教学，以马克思主义心理学观为指导，学习心理学中国化的发展历程，充分挖掘心理学课程思政元素。包括唯物主义世界观、社会主义核心价值观、家国情怀、个体心理品质、社会责任意识、法治意识、教师职业道德和创新意识等。

充分利用中国工农红军纵横驰骋凉山会理、会东、德昌、宁南、普格、西昌、冕宁、喜德、越西、甘洛10个县市，留下的"巧渡金沙江""会理会议""彝海结盟"等光荣史实；其次结合生命至上、举国同心、舍生忘死、尊重科学、命运与共的伟大抗疫精神；再次借助我校历史（北洋工学院内迁创建过程）等思想政治元素有机融入课程教学。

课程团队注重建设具有自觉"育德意识"和较强"育德能力"的教师队伍，确保"同向同行、协同育人"。

（3）多模式多手段结合

除了传统的讲授法外，本示范课程建设还综合运用翻转课堂、线上线下混合式教学、小组讨论法、同伴教学法、角色扮演法、课堂PBL案例教学和见习观摩法等方法，充分发挥课堂的专业及德育育人功能，提高学生学习的主动性和积极性。

2. 教学设计

围绕本课程的三位一体的知识目标、能力目标、价值观引领目标，结合本课程教学内容，本课程的思政教育设计如下（见表2）：

（1）通过心理学研究的对象、心理的本质、学习心理学的意义与方法的学习，让学生掌握辩证唯物主义心理学观；通过对王阳明心学、朱熹理学及新中国老一辈心理学家（潘菽、朱智贤）的学术思想讲授，让学生产生文化自信。

（2）通过问题解决的思维过程、学习动机、中学生品德发展的学习，结合红军过凉山时的"巧渡金沙江"的历史史实、中国抗疫精神及校史校训，把当前的学习与国家和社会的利益联系到一起，培养社会担当和家国情怀。

（3）通过情绪情感、意志、教师心理与调适的学习，结合新冠疫情爆发时人们情绪情感的变化及凉山教育先进典型案例，广泛开展理想信念教育，深化中国特色社会主义和中国梦宣传教育，弘扬民族精神和时代精神，加强爱国主义情感培养，凝练其扎根艰苦地区一心为教的意志品质，引导学生树立正确的历史观、民族观、国家观、文化观。

表2 "心理学""课程思政"主要教学板块设计纲要

教学环节	学时	专业要点	思政融入点	教学方法
绪论	3	心理学研究的对象、心理的本质；学习心理学的意义；心理学研究的原则与方法。	让学生掌握辩证唯物主义心理学观；通过对王阳明心学、朱熹理学及新中国老一辈心理学家（潘菽、朱智贤）的学术思想讲授，让学生产生文化自信。	课堂PBL案例教学、小组讨论法
问题解决的思维过程	2	问题与问题解决、问题解决的思维活动阶段、影响问题解决的因素。	这一节内容可以结合红军过凉山时的"巧渡金沙江"的历史史实，讲授问题解决的策略和影响因素，进而展现中国共产党人领导的智慧。	翻转课堂、同伴教学法、课堂PBL案例教学、小组讨论法
情绪情感	3	情绪与情感的含义与功能；情绪的生理变化与外部表现；情绪情感分类。	结合新冠病毒流行时人们情绪情感的变化广泛开展理想信念教育，深化中国特色社会主义和中国梦宣传教育，弘扬民族精神和时代精神，加强爱国主义情感培养，引导学生树立正确的历史观、民族观、国家观、文化观。	翻转课堂、同伴教学法、课堂PBL案例教学、小组讨论法
意志	3	意志与意志行动；意志的特征；意志行动过程；意志品质及其培养；中学生意志的发展特点。	通过凉山州乡村教师的先进典型人物介绍，凝练其扎根艰苦地区一心为教的意志品质，让师范生始终高举党的教育方针的旗帜，坚持把党的教育方针落实到教育教学的各方面，努力培养更多更好的社会主义事业的建设者和接班人。	翻转课堂、同伴教学法、课堂PBL案例教学、小组讨论法

（续表）

学习动机	4	动机与学习动机；学习动机、学习行为和学习效果；学习动机的理论；中小学生学习动机的培养。	这一篇章可以借助我校历史（北洋工学院内迁创建的国立西康技艺专科学校，李书田、柯召等教育家矢志兴教）进行情感熏陶。把当前的学习与国家和社会的利益联系到一起，培养社会担当和家国情怀，培养终身学习爱好。	
中学生品德发展	5	品德的实质；品德的心理结构；品德形成的一般过程及影响因素；中小学生品德发展的基本特点；中小学生品德教育的方法。	这一篇章可以借助伟大的抗疫精神，大量引入抗疫期间高尚的道德情操案例，展现出中华儿女团结一致、无私奉献、责任担当的伟大品质，唤起学生的民族情怀，在潜移默化中融入课程思政元素。	
教师心理与调适	3	教师心理健康的意义；教师心理健康的标准；教师心理健康的现状；影响教师心理健康的因素；教师职业压力的含义；教师的职业倦怠；教师职业的"高原现象"；教师职业压力的应对策略。	结合"意志力"教学板块相应内容提升师范生应对职业困境的信心与能力。从认识职业角色、探索职业价值观、树立职业理想等方面帮助师范生建立目标与理想之间的通路；帮助师范生领悟教师职业的真谛，塑造其教育信仰，培养师范生坚定的职业信念。	翻转课堂、同伴教学法、课堂PBL案例教学、小组讨论法

（三）"心理学""课程思政"建设路径

1. 依托心理动力取向的"课程思政"教学

心理动力学视角强调了潜意识在人类心理和行为中所起的关键作用。"潜意识是一种存在于个体意识层面之下的心理现象，尽管它不易被直接察觉，却是驱动个体心理活动与行为的重要因素。这一理论提示，在心理学课程的思政教育中也存在着'无意识学习'的过程。"[①] 传统的教育方式往往侧重于书本知识、课堂讲授及教师指导，更多关注的是显性知识的传授，而对学生的隐性学习不够重视。这样的教学方法有时会导致信息传递变得僵化，难以达到预期的教学效果，从而使得学生在知识、情感和意志上产生脱节。

通过借鉴心理动力学中的"移情"概念，教师可以尝试采用参与式教学和案例分析等更互动的教学策略，以激发学生的情感共鸣，促进他们对学科内容的深刻理解和认同感。比如，为了实现心理学课程中培养理想和坚定信念的思政目标，仅仅讲述教师职业的重要性可能显得过于抽象，很难帮助未来的教育工作者建立起对这个职业正面且积极的态

① 刘杨,张灏,杨柯.课程思政背景下高校师范生心理学课程资源建设及教学策略[J].成都师范学院学报,2020,36(6):6-12.

度。因此，教师可以通过组织讨论会，围绕特定主题如"长大后我就成了你——记述一位难忘的老师"或"选择成为师范生的原因"来开展交流分享。这样的讨论能够让学生深入参与到话题当中，利用个人经历中的人物故事触动他们的内心世界，进而增强他们对于教师职业价值的认知和感情联系。

此外，教师还可以运用案例教学法，并辅以音乐作为辅助手段，以此调动学生的情绪反应。音乐作为一种非言语性的沟通工具，没有明确的象征含义，却能够唤起人们的感受，调节情绪状态，促使联想和反思的发生，同时也有助于表达能力和情感体验的提升。通过这种方式，可以有效地加强学生对课程内容的感受力，加深其理解，并促进其形成正确的价值观。

2. 采用丰富的教学手段，不断提升课程思政质量

"心理学"突出心理学知识在教育领域的应用，具有极强的实践价值，对其理论知识的深刻认识不能脱离实际的教育背景和教学情境。"基于学生以往的学习经验，用现实的教育案例引导学生对理论的分析，并鼓励学生置换观察视角，站在教师的立场对理论知识进行解读，提出个人见解，体现理论对实践的指导和提炼作用，促进学生的专业发展。"[1]同时运用各种教育载体，如实际课堂教学、线上学习平台和教学资源、小组合作、学生实践等，形成多样教学模式，提高学生在课堂上的参与度和自信心，加强团结合作精神。为了让学生真正有效地参与课程学习过程并主动内化思政元素，需减少教师个人对课堂的话语掌控，让师生之间、生生之间形成良性互动，让课堂和课外成为助力学生实现"立德树人"的场所之一。

积极推行线上线下相结合的教学方式，实现课内课外一体化的教学流程。利用课堂内的小组讨论、案例研究及角色扮演等活动，拓宽对学生价值观培养的空间；而问题导向式与支架式教学法则有助于解决学生遇到的具体难题，创建一个师生共同探索的学习环境，增强学生的参与感和竞争力，体现以人为本的教学理念。此外，在课外时间运用翻转课堂策略，让学生自主观看视频材料完成预习工作，并将遇到的问题记录下来，以便后续在课堂上进行集中讨论和解答。这种方法不仅激发了学生的主动性、潜能和创造性思维，还有助于发展其批判性思考能力和提高思维品质。

① 秦琳，周文德.课程思政视域下教学改革路径探索——以"教育心理学"为例 [J].太原城市职业技术学院学报,2023,(9):136-138.

3. 实施多角度的教学评价方式

本课程除了注重对学生理论知识的评价（如开卷考试、在线答题、撰写论文等），还考核学生在实践过程中表现出的道德素养、社会适应能力、行为和心理素质等。因此，根据课程特点，对班级学生进行分组，实行小组内和小组之间的评价方式。大学时期是学生自我认知、自我评价形成的重要时期，对未来职业开启了阶梯式的规划阶段，可通过"从中小学学生心理角度谈谈对教育的理解和认识""如何成为把握中小学学生心理的未来合格教师"等问题，让学生根据课程知识，结合个人的理想信念进行小组内评价和小组之间的评价。

（四）立德树人效果

1. 对学生进行价值引领的重要渠道。通过"课程思政"设计充分发挥了专业教学在育人中的主渠道、主阵地地位，与思想政治理论课同向同行，形成了"大思政"协同育人的成效。课程中充分挖掘思政元素，推进红色文化进课堂，对学生进行唯物主义世界观、社会主义核心价值观、个体心理品质、社会责任意识、法治意识、教师职业道德和创新意识培养，达到了润物细无声的效果。

2. 专业知识的积累和专业素养的培养。加深理论知识教学的同时，加强理论与实际相结合，成为学生认知心理和行为现象、探索心理本质、机制，教育与学习、课堂管理规律，学习维护心理健康提升心理品质的方法及塑造教育人格的重要课堂。

3. 提高了学生对专业课学习的兴趣和热情。通过教学手段的多样化和思政元素的有机融入，激发了学生对学习的兴趣和热情，构建了学生分析、研究、解决教育情境中心理问题的能力。

4. 教师继续教育培训效果良好。教学团队成员在"一村一幼"教师培训及中小学教师学历提升培训、骨干教师的专业培训中结合思政元素，提升了中小学、幼儿园教师的专业水平和工作责任意识。

四、"心理咨询概论""课程思政"教学改革探索

"心理咨询概论"作为应用心理学专业核心课程，始终坚持立德树人的根本任务，立足学校地处民族地区、应用型本科和师范专业办学的实际，探索"知识传授与价值引领相结合"的有效路径，以学生发展为中心，以学习产出为导向，努力解决传统教学中"重理论学习轻社会需求、重知识讲授轻学生参与和体验、重课程思政形式轻内涵、重结果性评价轻形成性评价"的痛点。

（一）教学目标

深层次挖掘中华民族优秀传统文化中心理健康教育思想内涵，将心理潜能开发、教育价值引导、思想政治教育有效结合，突出课程思政红色。以涵养教育情怀为己任，不断吸引攀西民族地区一线中小学心理健康教师加入，通过PBL项目式教学法、研训等方式，结合"翻转课堂""对分课堂"模式突出师范教育底色。以生成式学习空间建构教学共同体，借助大数据、AI技术对学生研、训行为进行数据收集与深度分析，突出"智能+"金色。

1. 知识目标

系统掌握心理咨询的基本理论、基本技术，熟悉心理咨询工作的流程。

2. 能力目标

能顺利地进行初诊接待工作，能熟练运用建立咨询关系的技术与来访者建立有效的咨询关系，能运用倾听技术、询问技术和提供信息技术搜集来访者的信息并对信息进行分析处理，能独立制定心理咨询和治疗方案，能灵活运用各种咨询技术开展工作。

3. 素质目标

激发学生学习心理咨询的兴趣，使学生理解和遵守心理咨询工作的伦理守则和职业道德；帮助学生形成和树立科学的自助与助人观念，扩大心理咨询的视野，培养健康的心理品质。

4. 价值目标

确立个体的职业价值观，完善自我人格，实现自我和社会的心理共生，进而达到自我与学科、文化、社会、国家的认同，更好地服务新时代下国民心理健康。

（二）"课程思政"导向下的教学设计及课时安排

1. 建设思路

教学坚持价值引领、守正创新、交叉融合的创新理念，面向《"健康中国2030"规划纲要》，立足新时代国民心理的新现象、新需求和新问题，将思想政治教育与专业教育相融合，从中国咨询心理学百年发展历史出发，构建多学科融合协同创新育人体系来凸显课程思政的实效性。

坚持目标导向，培养爱岗敬业、服务人民的意识；培养良好的职业道德，严守专业伦理原则；养成规范、负责、尊重、热情、真诚、同感、积极关注、助人自助的职业态度；培养个体积极的人生观、世界观、健康观，提升职业认同感。

立足我国国民心理健康状况的实际,将中国传统文化与心理咨询相结合追求境界取向,识记心理咨询相关基础理论、专业伦理、工作程序、诊断与评估的标准、不同咨询方法的原理、操作步骤和注意事项等;领会专业伦理原则、工作态度、专业关系建立的重要性。

基于职业胜任力培养有专业、能实操、重提升的综合素质较高的心理咨询师。一是夯实认知:理解多元心理知识,发展对人类改变机制多元观点,连接心理咨询理论概念与实务。二是提升技能:增进观察、倾听等人际沟通技巧,使用多元咨询理论分析当事人,实践心理咨询专业伦理与法律规定。三是促进发展:培养对个人的欣赏、关心、好奇及对未知包容等态度,洞察自身经验,增进相关议题的自我觉察能力,提升专业能力与专业自信。

2. 教学设计

在教学模式整体设计上采用"三段五层三评"教学模式(见图5-1),以学生为中心,以任务驱动为导向,构建全面良性互动的教学生态环境,厚植职业价值观和社会情怀。所谓的"三段五层三评"模式,是指以"课前—课中—课后"三段混合式教学为框架,以"导—行—探—练—训"五个层次教学推动心理咨询核心技能的获得,以贯穿"课前—课中—课后"的"自评—互评—他评"三维评价,诊断教学全过程成效,提升教学质量。

本课程知识体系以江光荣著《心理咨询的理论与实务》(第2版)为基础,重新梳理知识要点,将课程知识划分为心理咨询理论基础(32学时)和心理咨询技能(48学时)2个模块,并结合民族地区实际,增设了沙盘游戏、正念疗法和中国传统文化与心理咨询三个专题讲座(见表3、表4)。

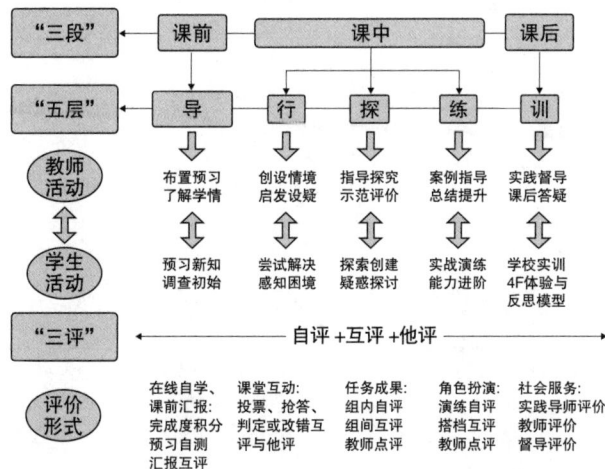

图5-1 《心理咨询概论》"三段五层三评"教学模式

表3 "心理咨询概论"理论部分学习内容

章次	课程内容	课时
第一章 绪论	第一节 人的发展与助人专业 第二节 心理咨询与治疗概述 第三节 心理咨询与治疗的发展历程	2
第二章 心理咨询的要素	第一节 心理咨询和治疗中的共同要素 第二节 当事人 第三节 咨询师 第四节 其他变量	2
第三章 咨询目标	第一节 健全人格与咨询目标 第二节 咨询目标概述 第三节 确定咨询目标 第四节 价值与价值干预	2
第四章 咨询关系	第一节 咨询关系概述 第二节 工作同盟 第三节 助长条件 第四节 咨询关系与咨询师	2
第五章 咨询过程：阶段 与结构化	第一节 对咨询过程的认识 第二节 咨询的基本阶段 第三节 结构化	2
第六章 咨询过程：会谈	第一节 会谈的一般问题 第二节 倾听当事人 第三节 会谈技巧	3
第七章 咨询过程：深入	第一节 协助当事人探索 第二节 协助当事人领悟 第三节 协助当事人行动	2
第八章 个案厘析与评估	第一节 概述 第二节 几种主要治疗理论的个案厘析 第三节 临床评估	2
第九章 专业伦理问题	第一节 当事人的利益和权利 第二节 咨询师与当事人关系 第三节 保密 第四节 其他伦理问题	1
第十章 精神分析疗法	第一节 概观 第二节 基本理论 第三节 精神分析的治疗 第四节 精神分析疗法评价	2
第十一章 行为疗法	第一节 概观 第二节 基本理论 第三节 行为治疗过程 第四节 治疗技术 第五节 行为治疗评价	3

（续表）

第十二章 以人为中心疗法	第一节　概观 第二节　基本理论 第三节　治疗过程和策略 第四节　以人为中心疗法评价	3
专题一 沙盘游戏理论与 正念疗法理论	第一节　沙盘游戏疗法的基本含义与应用发展状况 第二节　沙盘游戏疗法的实施条件与实施过程 第三节　沙盘游戏疗法中各类事物的象征意义 第四节　沙盘游戏疗法的基本原理和分析方法 第五节　正念疗法的概念及运用 第六节　正念疗法的主要技术（教学重点） 第七节　正念疗法减压技术练习	4
专题二 中国传统文化与 心理咨询	第一节　中国传统文化的基本内涵 第二节　中国传统文化对心理咨询的影响 第三节　中国传统文化视域下心理咨询的概念和原则 第四节　中国传统文化视域下心理咨询常见技术	2
合计		32

表4　"心理咨询概论"实践部分学习内容

章次	实训内容	课时
专题一 表情、姿势、语气语调	第一节　专业形象基础素质训练 第二节　姿势训练 第三节　语气语调训练	3
项目一 结构化技术	掌握结构化技术的基本技巧，懂得利用结构化技术，减少当事人的疑惑与不切实际的期望；协助当事人了解咨询过程；减少当事人的焦虑，协助当事人作好咨询准备，以利咨询的顺利进行。	2
项目二 专注与倾听技术	掌握专注与倾听技术的基本技巧，懂得利用专注与倾听技术，建立并维持良好的咨询关系；激励当事人开放自己、坦诚表白；有助于聆听与观察当事人语言与非语言行为，深入其内心世界。	2
项目三 简述语义技术	掌握简述语义技术的基本技巧，懂得利用简述语义技术，协助建立良好的咨询关系，提高当事人咨询的动机；当事人的澄清，可以协助咨询员正确了解当事人；协助当事人了解自己；将谈话转移到重要的方向去。	2
项目四 情感反映技术	掌握情感反映技术的基本技巧，懂得利用情感反映技术，促使当事人觉察情感；协助当事人重新拥有自己的感觉；让咨询员正确了解当事人，或当事人了解自己；建立良好的咨询关系。	2
项目五 同理心技术	掌握同理心技术的基本技巧，懂得利用同理心技术，建立良好的咨询关系；修正咨询员对当事人的了解；协助当事人了解内在深层的想法与感受。初层次同理心技术具有前两项功能，而高层次同理心技术具有后两项功能。	3
项目六 具体化技术	掌握具体化技术的基本技巧，懂得利用具体化技术，协助当事人了解问题，产生顿悟，或是窥见"以偏概全"的现象；决定咨询方向。	2

（续表）

项目七 探问技术	掌握探问技术的基本技巧，懂得利用探问技术，促进当事人开放自己，放松自己；协助当事人更具体、更明确地表达；协助咨询员了解当事人，以及当事人的自我了解。	2
项目八 复述技术	掌握复述技术的基本技巧，懂得利用复述技术，协助咨询员进一步了解当事人；协助当事人进一步了解自己；决定谈话方向。	2
项目九 摘要技术	掌握摘要技术的基本技巧，懂得利用摘要技术，协助当事人统整有关的信息；澄清咨询员对当事人的了解；协助当事人产生新的看法，以及设定处理问题的目标，使不同咨询主题或不同咨询阶段的转换更顺畅。	2
项目十 沉默技术	掌握沉默技术的基本技巧，懂得利用沉默技术，让咨询员有机会掌握当事人未表达的重要信息；给当事人足够的时间整理思绪。	2
项目十一 信息提供技术	掌握信息提供技术的基本技巧，懂得利用信息提供技术，协助当事人进一步了解自己或问题；协助当事人解决问题；养成当事人主动负责的行为和精神。	2
项目十二 自我表露技术	掌握自我表露技术的基本技巧，懂得利用自我表露技术，增进彼此的吸引力，增强信任感，加深咨询关系；鼓励当事人进一步吐露与探讨问题；产生示范作用；协助当事人集中注意力探讨问题的关键部分；协助当事人得到启示，对问题产生不同的看法。	2
项目十三 立即性技术	掌握立即性技术的基本技巧，懂得利用立即性技术，巩固咨询员与当事人的信任关系；处理咨询员与当事人之间的投射与移情等问题；处理当事人的依赖问题；处理当事人无目的的漫谈。在原地回绕或没有执行拟定的目标等问题；处理咨询开始与最后阶段、当事人经历到的不舒服感觉。	2
项目十四 面质技术	掌握面质技术的基本技巧，懂得利用面质技术，协助当事人觉察不一致的地方；协助当事人探讨不一致的地方，进一步了解自己；协助当事人了解自己的优点、缺点、资源与不足；协助当事人看到妨碍自己与他人权益的行为。	4
项目十五 角色扮演技术	掌握角色扮演技术的基本技巧，懂得利用角色扮演技术，协助当事人觉察、纾解情绪；修正当事人对他人的了解；协助当事人对自己的行为、感觉与想法形成新的认识；协助当事人学习与预演新的行为模式。	3
项目十六 空椅法技术	掌握空椅法技术的基本原理，掌握空椅法技术的基本要领，成功地协助当事人纾解情绪，协助当事人处理未完成事件。	3
项目十七 结束技术	掌握结束技术的基本技巧，懂得利用结束技术，在每次咨询结束时，统整当事人的咨询学习；触动当事人未解决的问题；增强当事人独自面对问题的信心；处理当事人转介前的不安与疑惑。	2
专题二 正念疗法	学生在教师的引导下进行三分钟呼吸空间练习，平复上课的情绪，帮助学生静下来并将注意力调整到当下。通过练习反馈引出想法和情绪的面对。对于情绪和想法平时是如何应对的。通过讲述故事引出如何在正念中应对我们的情绪和想法。进行正念式呼吸关注练习。	3
专题三 沙盘游戏	介绍沙盘游戏：在沙盘里构建自己的家园。沙盘游戏准备：表格、笔、沙具箱、顺时针填写姓名、摆放沙具按照示意图摆放。游戏规则说明后开始进行沙盘游戏。小组分享沙盘故事。	3
合计		48

（三）"心理咨询概论""课程思政"建设路径

1. 结合国民心理健康需求丰富课程资源建设包括：

（1）重新设计教学文件：包括课程标准、授课计划、课程教案，以及配合教材设计的学习目标、教学建议、案例、本章小结、思考与练习题等材料。

（2）增加多媒体资料：丰富各教学单元的 PPT 课件，相关理论、案例等材料的电子文档，收集中国大学生慕课网站中"咨询心理学""心理咨询理论和技术""心理咨询的理论与方法：会谈技巧"等相关网络电子资源。整合了近三届学生模拟训练和一线案例影像资料。

（3）细化辅导文本：针对文字教材的学习要点、重点、难点内容以及答疑情况等编纂相关辅导文本。

（4）充实参考资料：如新增黄远春著《社区心理教育》、岳晓东著《心理咨询基本功技术》、钱铭怡著《心理咨询与心理治疗》等参考教材。

2. 重构教学过程，全员全程激发内生动力

基于雨课堂的翻转式，引入 CDIO 教育理念，利用案例教学、项目式教学方法，融合"线下与线上"混合式教学，统筹"课前、课中、课后"三个教学阶段，全程精准对接、无缝衔接，教学环环相扣，层层递进（见表5）。

（1）课前——导：根据应用心理学职业胜任力模型，对心理咨询概论课程进行整体设计与规划，分析每次授课中的各个知识点适合用何种方式授课，如讲授式、案例式、项目式、演示式、模拟训练等，并根据需要选择合适的慕课资源、网络资源和自制微课视频等。如在心理咨询中的咨访关系中学习"咨询师的基本态度"知识点中，选择"雨课堂"中学堂在线慕课资源手把手教你学心理咨询：谈话的艺术中相应的内容进行加工制作；心理咨询的设置与阶段中学习"心理咨询的设置"知识点中，授课教师在学校的心理咨询中心录制实景介绍微课等。同时，制作每次授课的学习目标、任务清单，通过"雨课堂"发送课前预习提示，引导学生了解每次授课中不同的学习要求并完成课前预习任务，"雨课堂"记录每位学生的学习状况并有相应的评分。预习任务可以分成个人完成和小组成员共同完成两个部分，小组成员根据每次学习任务的不同采取自由组合和雨课堂随机分组的形式确立。

（2）课中——行、探、练：在课程中对学生的成果进行点评并对出现的困难进行讨论与释疑，并邀请学生分享收获。"雨课堂"平台对以上教学活动进行课程记录，并通过投票、试题等辅助了解学生学习情况。例如呈现心理咨询案例，学生应用已有知识试

行问题解决、实务分析、判定与纠错，在多变的案例情境和互相"评价试行效果"的过程中感知实务困境，引发知行难以合一的冲突感，铺垫深入学习的心向，这就是"行"；协助同学探究突破困境的方法，通过设置主题讨论以及创建处理策略、参考句式、技巧导图等任务，鼓励学生实时讨论、增删意见卡片或互动编辑，整合探究成果，并结合教师示范、各组成果展示及提供的参考解析进行"探"；"练"是实务演练，学生借助"PsyCloud 心理实训系统"对心理诊断、心理咨询、心理治疗、团体辅导和心理测评等技能进行训练，并引导学生利用"4F 体验与反思模型"进行课后反思。

（3）课后——训：为了实现同侪督导学习，协助学生专业学习与实操训练无缝衔接，我们构建了"2 个成长轨道 +3 个培养阶段 +3 个层次实习"专业心理咨询人才培养路径。

2 个成长轨道：一是校内理论与实务的集中小组轮训；二是校外相应阶段的中小学一线的实践实习与指导督导。

3 个培养阶段：一是强化心理咨询基础理论、实操基本功；二是强化重要流派、实用技术，例如正念疗法和箱庭疗法；三是同辈群组专项议题互动、实习督导，循序渐进内化提升软实力。

3 个层次实习：一层利用校内师范生技能大赛、"大创"和科研等项目，以赛代练；二层为中小学一线的实践实训；三层利用"支教""暑期三下乡"等社会活动走进一线提升咨询技能与技巧，促进专业成长。

表5 校外实践基地的实践教学实训项目

序号	实训名称	实践实训名称	实训形式
1	心理咨询师的专业	从事心理咨询师所具备的专业技能	见习 / 顶岗
2	心理咨询师面谈技巧	进行心理咨询的具体实用技能技巧和案例分析	见习 / 实训
3	精神分析概要	精神分析技术定义概述、简介、主要理论、语言意义、影响、局限	讲座
4	正念疗法	正念疗法的原理和操作概要	讲座 / 实训
5	心理剧	帮助参与者将心理事件透过一种即兴与自发性的演剧方式表达出来的团体心理辅导	讲座 / 实训
9	箱庭治疗技能	儿童箱庭设计和分析技能	实训
6	中小学心理健康教育设计和团体心理辅导	中小学生个体心理问题咨询和心理健康教育的模式	实训
7	岗位技能	技能、职责、标准、知识、技能	讲座 / 实训
8	职业道德	职业心态、道德准则、职业发展	讲座 / 见习

3. 重构课程考核体系，建立科学多元的考核方式

整体课程评价采用过程性评价与终结性评价相结合的方式，注重学生日常表现，既考查学生的理论知识掌握情况，也评估学生的实践表现情况，使考核真实、客观、全面地反映学生的职业能力和水平。终结性评价占30%，主要是期末闭卷考核，主要考核理论基础和案例综合分析能力。形成性评价占70%，分为"课前—课中—课后"三段评价，包含"自评、互评和他评"三维评价形式综合评定，主要包括在线课程学习完成度与自测情况、课堂互动表现（考勤、专题汇报、课内多类互动活动参与积分等）、核心技能项目考核（如放松训练录音、咨询逐字稿等单项考核）和课外服务等。课程整体考核体系比重分布如表6所示。

表6 课程整体考核体系比重分布

序号	评价构成	评价时段	课程考核项目	权重	考核者	分值
1	过程性评价	课前	在线课程学习：课程完成度、预习自测	10%	平台积分、平台自评	70
2		课中	课堂互动表现：签到、专题汇报、投票、问卷、讨论与分析等互动任务	20%	平台积分、同伴（互评）、教师（他评）	
3		课后	日常核心技能考核：单项技能考核30项	30%	自评、同伴（互评）、教师（他评）	
4		课后	课外服务：服务资料汇编、小结与评价	10%	导师、教师（他评）	
5	终结性评价	课程后	期末卷面考试：理论基础、案例分析	30%	教师（他评）	30
合计				100%	系统合计	100

（四）立德树人效果

1. 以铸牢中华民族共同体意识为主线，突出了课程思政红色

课程教学探寻了我国传统文化中蕴含的心理健康教育因子，从教育学、哲学、心理学、医学等多个方面入手，深层次挖掘了本土化心理健康教育思想内涵，将心理潜能开发、教育价值引导、思想政治教育传统有效结合，逐步形成了具有校本特色的心理咨询与思想政治融合教育体系。

2. 以涵养教育情怀为己任，突出了师范教育底色

课程教学队伍团队不断吸引攀西民族地区一线中小学心理健康教师加入，通过 PBL 项目式教学法、研训等方式，结合"翻转课堂""对分课堂"模式带领学生对收集的本地区中小学生典型心理问题案例进行了深入剖析，为培养"四有"好教师打下了坚实基础。

3. 以生成式学习空间建构共享型探索、数字化呈现、跨越式交流的教学共同体，突出了"智能 +"金色

建立了"开放、集成、高效"的全时空智慧云平台，利用 VR 技术实现咨询案例的情景化输入，进一步提升了教学效果。借助大数据、AI 技术对学生的线上研、训行为进行数据收集与深度分析，由此建立了涵盖实时监测、及时反馈、主动优化的动态运行机制，为实现可学、可做、可测、可评一体化教学实训研讨平台奠定了基础。

参 考 文 献

[1] 习近平 . 把思想政治工作贯穿教育教学全过程 开创我国高等教育事业发展新局面 [N]. 人民日
报 , 2016-12-9(1).

[2] 习近平 . 决胜全面建成小康社会夺取新时代中国特色社会主义伟大胜利——在中国共产党第
十九次全国代表大会上的报告 [N]. 人民日报 , 2017-10-28(1).

[3] 蒲清平, 何丽玲 . 新时代高校课程思政教学提质增效的实践路径 [J]. 思想教育研究, 2022 (1):
109-114.

[4] 肖祥, 黄伟年 . 道德关怀教育——高校公共理论课德育实践与创新的可行性路径探析 [J]. 哈尔
滨学院学报, 2009(1): 118-122.

[5] POWER C, KOHLBERG L. Using a hidden curriculum for moral education[J]. Education
Digest, 1987: 12.

[6] 彭寿清 . 高校学生德育存在的问题与对策 [J]. 西南民族大学学报: 人文社科版, 2004(6):
285-287.

[7] 邱伟光 . 论课程思政的内在规定与实施重点 [J]. 思想理论教育 , 2018(8) : 62-65.

[8] 马克思恩格斯选集 (第一卷)[M]. 北京: 人民出版社 , 2012: 419-420.

[9] 白显良 . 隐性思想政治教育基本理论研究 [M]. 北京: 人民教育出版社 , 2013: 34.

[10] 刘建军 . 课程思政: 内涵、特点与路径 [J]. 教育研究 , 2020(9): 28-33.

[11] 中共中央文献研究室 . 十二大以来重要文献选编 (下)[M]. 北京: 人民出版社 , 1988: 1415.

[12] 黄蓉生 . 大学生思想政治教育若干论题研究 [M]. 北京: 人民出版社 , 2016: 675.

[13] 沈壮海 . 思想政治教育的文化视野 [M]. 北京: 人民出版社 , 2005: 276.

[14] 中共中央文献研究室 . 十六大以来重要文献选编 (中)[M]. 北京: 中央文献出版社 , 2006: 182.

[15] 中共中央国务院印发《关于加强和改进新形势下高校思想政治工作的意见 》[EB/OL]. 中国社
会科学网 .2017-2-28. http://www.cssn.cn/zx/201702/t20170227_3432295_2.shtml.

［16］ 中办国办印发《关于深化教育体制机制改革的意见》[EB/OL]. 环球网 . 2017-9-25. https：//
　　　 m.huanqiu.com/article/9CaKrnK5kNL.

［17］ 教育部发布《高校思想政治工作质量提升工程实施纲要》[EB/OL]. 教育部网站 2017-12-7.
　　　 http：//www.moe.gov.cn/jyb_xwfb/xw_fbh/moe_2069/xwfbh_2017n/xwfb_20171206/
　　　 mtbd/201712/t20171207_320825.html.

［18］ 习近平 . 坚持中国特色社会主义教育发展道路 培养德智体美劳全面发展的社会主义建设者和接
　　　 班人 [N]. 人民日报 ,2018-9-11.

［19］ 习近平 . 用新时代中国特色社会主义思想铸魂育人 贯彻党的教育方针落实立德树人根本任务
　　　 [N]. 人民日报 ,2019-3-19.

［20］ 娄淑华 , 马超 . 新时代课程思政建设的焦点目标、难点问题及着力方向 [J]. 新疆师范大学学报：
　　　 哲学社会科学版 ,2021(5)：96-104.

［21］ 吴海文 . 无意识教育与高校思想政治教育创新 [J]. 社会科学家 ,2010(12)：119-121.

［22］ 刘力 , 闵杰 . 高校思想政治教育载体研究 [M]. 沈阳：辽宁大学出版社 ,2008：56.

［23］ 王淑荣 , 孟鹏涛 . 论隐性思想政治教育价值实现的条件 [J]. 思想理论教育导刊 ,2015(2)：112-
　　　 115.

［24］ 邱伟光 . 课程思政的价值意蕴与生成路径 [J]. 思想理论教育 ,2017(7)：10-14.

［25］ 教育部关于印发《高等学校课程思政建设指导纲要》的通知 [EB/OL]. 人民网 .2020-5-28.
　　　 http：//www.gov.cn/zhengce/zhengceku/2020-06/06/content_5517606.htm.

［26］ 习近平 . 做党和人民满意的好老师——同北京师范大学师生代表座谈时的讲话 [N]. 人民日
　　　 报 ,2014-9-10.

［27］ 王学俭 , 石岩 . 新时代课程思政的内涵、特点、难点及应对策略 [J]. 新疆师范大学学报：哲学
　　　 社会科学版 ,2020(2)：50-58.

［28］ 胡甲刚 . 立德树人是高等学校的根本价值遵循 [N]. 中国教育报 ,2018-10-25.

［29］ 郑佳然 . 新时代高校"课程思政"与"思政课程"同向同行探析 [J]. 思想教育研究 ,2019(3)：
　　　 94-97.

［30］ 骆郁廷 . 高校思想政治理论课程论 [M]. 武汉：武汉大学出版社 ,2006：33.

［31］ 单丁 . 课程流派研究 [M]. 济南：山东教育出版社 ,1997：107.

［32］ 石书臣 . 同向同行：高校思想政治教育协同创新的课程着力点 [J]. 思想理论教育 ,2017(7)：
　　　 15-20.

［33］ 习近平 . 在纪念中国人民抗日战争暨世界反法西斯战争胜利 75 周年座谈会上的讲话 [N]. 人民
　　　 日报 ,2020-9-4.

［34］ 习近平 . 思政课是落实立德树人根本任务的关键课程 [N]. 人民日报 ,2020-8-31.

［35］ 黄艳红 . "思政课程"与"课程思政"协同育人的理路探析 [J]. 闽南师范大学学报：哲学社会
　　　 科学版 ,2020 (3)：147-150.

[36] 王景云.论"思政课程"与"课程思政"的逻辑互构[J].马克思主义与现实,2019(6):186-191.

[37] 习近平.在庆祝中国共产党成立95周年大会上的讲话[N].人民日报,2016-7-2.

[38] 徐向飞."课程思政"视域下高职院校建构协同育人平台的逻辑理论[J].教育与职业,2018(22):84-89.

[39] 胡大平.坚持显性教育和隐性教育相统一,全面提升高校立德树人水平[J].思想理论教育导刊,2019(7):79-83,2.

[40] 李前进.我国大学生社会主义核心价值体系教育研究[M].上海:上海三联书店,2014:239.

[41] 肖贵清.习近平新时代中国特色社会思想体系的建构逻辑[J].求索,2021(1):5-12.

[42] 谭妤晗,李峰.对大学生学习习近平新时代中国特色社会主义思想的思考[J].学校党建与思想教育,2020(24):83-84.

[43] 张驰,王燕.对大学生政治认同教育的几点思考[J].学校党建与思想教育,2018(4):26-28.

[44] 邱杰,张瑞,左希正.大学生政治认同教育研究[J].社会科学家,2014(7):114-117.

[45] 邓艳葵.民族院校大学生爱国主义教育研究[M].南宁:广西人民出版社,2013:38.

[46] 习近平.坚持共同团结奋斗共同繁荣发展 各民族共建美好家园共创美好未来[N].人民日报,2019-9-28.

[47] 中共中央国务院.新时代爱国主义教育实施纲要[N].人民日报,2019-11-3.

[48] 刘济良.价值观教育[M].北京:教育科学出版社,2007:2

[49] 张蓓蓓.大学生社会主义核心价值观认同与培育探究[J].学校党建与思想教育,2020(12):59-61.

[50] 戴湖松.法治意识:话语、课程和教学[J].思想政治课教学,2018(7):44-47.

[51] 张耀灿,陈万柏.思想政治教育学原理[M].北京:高等教育出版社,2001:148.

[52] 刘霞.对新形势下大学生道德教育的考察[J].学校党建与思想教育,2019(1):9-91.

[53] 李凤芹.关于高校开展社会公德教育的思考[J].教育与职业,2021(29):58-60.

[54] 武晓华.加强大学生职业道德教育的若干思考[J].思想理论教育导刊,2014(2):118-121.

[55] 孙苏奎.大学生的职业道德养成教育[J].教育评论,2014(11):102-104.

[56] 李晓兰,刘雨姝,车丹.论大学生个人品德建设的四个维度[J].思想政治教育研究,2014(4):108-111.

[57] 雷虹,朱同丹.以学生为中心视域下高校劳动教育的意蕴解读及路径选择[J].黑龙江高教研究,2020(3):134-138.

[58] 王丽荣,卢惠璋.论新时代大学生劳动教育的价值意蕴[J].高教探索,2020(7):114-118.

[59] 陈秉公.思想政治教育学原理[M].沈阳:辽宁人民出版社,2001:270.

[60] 毛泽东选集(第二卷)[M].北京:人民出版社,1991:526

[61] 中共中央国务院.关于进一步加强和改进大学生思想政治教育的意见[N].光明日报,2004-10-15.

［62］ 张东良，周彦良.教育学原理[M].北京：北京理工大学出版社,2017：143.

［63］ 何洪兵.论高校思想政治理论课坚持主导性与主体性相统一[J].学校党建与思想教育,2019(13)：35-38.

［64］ 杨晓慧.以"大思政"理念创新思政育人格局[J].思想教育研究,2020(9)：6-8.

［65］ 习近平谈治国理政(第二卷)[M].北京：外文出版社,2017：379.

［66］ 高德胜，聂雨晴.论马克思主义学院在课程思政改革中的实践价值[J].思想政治教育研究,2020(1)：77-82.

［67］ 赵光敏，蒋笃运.教师道德[M].开封：河南大学出版社,1989：215.

［68］ 陈吉鄂.思想政治理论课教师践行"四个统一"师德观研究[D].长春：吉林大学,2018.

［69］ 伍醒，顾建民."课程思政"理念的历史逻辑、制度诉求与行动路向[J].大学教育科学,2019(3)：54-60.

［70］ 周海晏.课程思政教育中的中国话语建构[J].思想政治课研究,2018（6）：74-77.

［71］ 扈中平.人的全面发展：历史、现实与未来[M].成都：四川教育出版社,1988：76-87.

［72］ 龚育之.对新世纪科技发展的人文思考——兼论所谓反对科学主义[J].理论前沿,2001(7)：3-7.

［73］ 吕立杰，李刚.人才培养目标的课程转化路径探析[J].教育研究,2018,39(12)：56-62.

［74］ 中国普通高等学校德育大纲[J].中国高等教育,1996(2)：4-7.

［75］ 徐文秀.多一些家国情怀[N].人民日报,2012-1-20(4).

［76］ 文辅相.21世纪的大学教育目标：高科技水平与高文化素养[J].高等教育研究,1995(6)：6-15.

［77］ 俞红珍.课程内容、教材内容、教学内容的术语之辨——以英语学科为例[J].课程.教材.教法,2005(8)：49-53.

［78］ 王能东.高校思想政治理论课教学论[M].北京：人民日报出版社,2017：95.

［79］ 杜威.民主主义与教育[M].陶志琼,译.北京：中国轻工业出版社,2016：169.

［80］ 张烁.用新时代中国特色社会主义思想铸魂育人贯彻党的教育方针落实立德树人根本任务[N].人民日报,2019-3-19(1).

［81］ 李铁安.围绕"四个评价"展开课堂教学评价[N].中国教育报,2020-7-29.

［82］ 杜震宝，张美玲，乔芳.理工科课程思政的教学评价原则、标准与操作策略[J].思想理论教育,2020(7)：70-74.

［83］ 杨晓慧.高等学校课程思政建设（笔谈）[J].教育研究,2020(9)：16-19.

［84］ 习近平.青年要自觉践行社会主义核心价值观：在北京大学师生座谈会上的讲话[N].人民日报,2014-5-5(2).

［85］ 潘懋元，王伟廉主编.高等教育学[M].福州：福建教育出版社,1995：204-205.

［86］ 田慧生，李如密.教学论[M].石家庄：河北教育出版社,1996：222.